경북 상주지역의

바위글과 그림

경북 상주지역의 바위글과 그림

발행일 2018년 8월 24일

지은이 김 상 호
펴낸이 손 형 국
펴낸곳 (주)북랩
편집인 선일영 편집 오경진, 권혁신, 최예은, 최승헌, 김경무
디자인 이현수, 김민하, 한수희, 김윤주, 허지혜 제작 박기성, 황동현, 구성우, 정성배
마케팅 김회란, 박진관, 조하라
출판등록 2004. 12. 1(제2012-000051호)
주소 서울시 금천구 가산디지털 1로 168, 우림라이온스밸리 B동 B113, 114호
홈페이지 www.book.co.kr
전화번호 (02)2026-5777 팩스 (02)2026-5747

ISBN 979-11-6299-297-5 93300 (종이책) 979-11-6299-298-2 95300 (전자책)

이 도서의 국립중앙도서관 출판예정도서목록(CIP)은 서지정보유통지원시스템 홈페이지(http://seoji.nl.go.kr)와 국가자료공동목록시스템(http://www.nl.go.kr/kolisnet)에서 이용하실 수 있습니다.
(CIP제어번호: CIP2018026377)

바위에 새긴 천 년의 메시지 59

경북 상주지역의 바위글과 그림

김상호 지음

북랩book Lab

바위에 새긴 글이나 그림은 종이나 천에 쓰는 것보다 많은 정성과 특정장소, 시간, 경비가 소요된다. 그러함에도 바위에 새겨 흔적을 남기는 것은 오래도록 보존하려는 의미와 여러 사람에게 보여줌으로써 새기는 대상의 선양에 그 목적이 있었다고 하겠다.

바위에 새긴 글은 암각서(巖刻書), 마애각석(磨崖刻石) 또는 마애각문(磨崖刻文)이라 한다. 어느 시기부터 유행하였는지는 알 수 없으나 우리나라에는 조선 후기에 들어왔다는 것이 일반적이고, 청나라 고증학 영향을 받아 추사 김정희 등을 중심으로 연구가 시작되었다는 것이다.

바위에 새긴 그림은 암각화(巖刻畵)라고 하며, 암각화는 문자가 없었던 선사시대에 인류가 그들의 삶 속에서 최초로 공통된 의사 표현 또는 인간이 이룰 수 없는 특별한 기원의 표식으로 바위에 새긴 것이다. 역사시대 이후에도 목적 기원을 위한 신물의 표현으로서 종교에 따라 불상이나 신상 등으로 표현되었다.

바위에 새긴 글이나 그림은 보호시설이 없는 자연 상태의 바위에 오랜 세월동안 외부 공기에 노출되어 형태를 알아볼 수 없을 정도로 지의식물에 침식되었고, 산업 환경 변화에 의해 풍화 속도가 점점 빨라지고 있다. 또한 개발 사업에 의한 훼손에 무방비 상태로 노출되어 있어 현재 상태에서나마 사진과 기록으로 보전하려는 것이 본서의 목적이다.

바위에 새긴 글은 당시에 그 지역의 저명한 문인이나 학자들이 쓴 것이 대부분이다. 수많은 시간이 흘렀지만 그들의 유상처(遊賞處)에서 그들의 글씨를 직접 대면할 수 있는 곳이며, 그 시대 사람들의 예술성과 정신세계도 함께 엿볼 수 있는 자료인 것이다.

경북 상주지역의 바위 글을 용도에 따라 풍수, 공적, 종교, 묘, 정자, 폭포, 유상처 등으로 분류하고, 전체 38개소 48개의 글을 조사하였다.

바위에 새긴 그림은 선사시대의 암각화로 분류되는 '낙동 물량리 암각화군'의 인물상 2점과 인면 각 부위의 18점이 있다. 이외에 불교, 유교, 동학교의 신상으로 표현된 불상, 신장상, 도통군자 등 형상을 새긴 그림 8개소를 조사하였다. 이와 함께 우리나라와 유럽, 중앙아시아, 시베리아 등 세계 여러 지역에서 다양한 시대에 걸쳐 나타나고 바위에 인위적으로 홈을 파면서 주술 행위를 한 장소인 성혈(性穴)에 윷판형 암각화가 함께 나타나고 있어 이 부분도 12개소를 조사하였다.

바위 글의 경우 우복동 '동천암'의 동천(洞天)은 초서체 글씨이고 우산천변 20개 경치를 읊은 '우곡잡영이십절(愚谷雜詠二十節)'의 어풍대(御風臺)와 수회동(水回洞), '연악구곡(蓮嶽九曲)'의 추유암(徿遊岩)은 전서체 글씨로 적혀 있어 예술성이 풍부하다. 바위그림은 '낙동 물량리 암각화군'의 암각화는 대형의 인물상과 수변제사 유적의 특이성을 가진 유적이다.

그러나 이 지역에 조성된 바위의 암면 석질은 대부분 화강암의 굵은 입자로 구성되어 있어 풍화현상이 심하게 나타고 있는 상황이다. 이러한 유적들은 문화재보호법의 보호를 받지 못하는 제도권 밖의 유적으로 자연현상으로 인한 훼손이 심함에도 보호 제도의 사각지대에 놓여 있다. 적게는 수백 년 많게는 수천 년 동안 이어져 온 유적들이 아직까지 제대로 보호를 받지 못하고 훼손되어 가고 있음은 안타까운 현실로서 국가의 제도적인 보호가 절실히 요구된다.

상주지역의 바위 글과 그림에 대한 연구에 도움이 되길 기대한다.

또한 준비와 조사 기간만 20여 년이 걸렸음에도 묵묵히 현장 안내와 자문, 기록, 자료, 교통편을 제공해주신 모든 분께 감사의 말씀을 드린다.

2018년 8월

일운 김상호 씀

목차

제3절 종교비 … 54

제4절 묘비 … 66

제5절 정자명(亭子名) … 72

제6절 폭포명(瀑布名) … 80

제7절 유상처(遊賞處) … 82

제8절 기타 … 125

제9절 소결 … 134

제2부 바위그림(巖刻畵)

제1절 암각화 … 146

제2절 바위에 새긴 그림 … 156

제3절 성혈(性穴) … 174

제4절 소결 … 196

제1부

바위 글(巖刻書)

1. 머리글

금석문(金石文)이란 사전적인 의미로는 철 같은 금속성 재료에 기록한 금문(金文)과 비석 같은 석재(石材)에 기록한 석문(石文)을 말한다.

이것은 좁은 의미의 금석문 정의라고 할 수 있으며, 넓은 의미의 금석문은 금문과 석문을 포함한 토기 명문(銘文), 나무 조각에 쓴 목간(木簡)의 기록, 직물에 쓴 포기(布記), 고분의 벽이나 칠기(漆器)에 기록한 묵서(墨書), 기와나 전돌에 적힌 명문(銘文) 등을 포괄한다. 즉, 넓은 의미의 금석문은 이러한 종이로 만든 서책(書册)에 기록한 문헌자료와 고고학 발굴 자료를 제외한 모든 종류의 문자 기록을 의미한다.[1]

따라서 금석문은 분류의 범위는 광범위하고 의미가 모호하다. 또한 지상의 산, 강, 들, 도심(都心)과 지하의 불특정지 등 한곳에 집중되어 있지 않고 쉽게 발견되지 않는 옛길 등 현재는 이용하지 않는 다수지역에 분포해 있으며, 발견된다고 하더라도 외부 공기에 오랫동안 노출되어 풍화로 인한 글씨 훼손이 심해 내용 판독이 어려워지는 등 쉽게 접근하거나 연구하지 못하고 있는 분야이기도 하다.

상주지역에서는 아직까지 금석문도 집대성하지 못하고 있으며, 지금도 기초적인 조사를 비롯한 시작 단계에 머무르고 있을 뿐이다.

상주는 옛날 목(牧)이라는 광역 행정구역으로 지정된 광활한 지역이었다. 또한 영남학파와 기호학파가 공존하였던 유교문화의 집산지로서 곳곳에 금석문이 성행하였기 때문에 자료도 방대하다.

이 장에서는 현재의 상주 행정구역에 잔존하고 있는 금석문 중에서 바위에 새긴 암각서(巖刻書)를 중심으로 소개한다. 또한 잔존 암각서의

1 국립문화재연구소의 금석문에 대한 정의 및 해석

내용과 그 유래를 정리하여 보존되어야 할 문화유적으로서의 가치를 살펴본다.

상주지역의 금석문 중 바위에 새긴 금석문은 바위에 새긴 글(巖刻書)과 그림(巖刻畵)은 성혈을 포함하여 현재의 상주 행정구역내 59개소에 산재해 있다. 바위에 새긴 글은 마애각석(磨崖刻石) 또는 마애각문(磨崖刻文)이라고도 한다.

바위 글 중에서 상주시 화북면 용유리와 문경시 농암면 내서리 경계, 즉 쌍용계곡에 있는 '회란석(廻瀾石)'은 대상에서는 제외하기로 한다.

2. 바위 글 내용

바위 글의 내용은 38개소 48개의 글로서 다음과 같다.

구분	용도	위치	내용	비고
1	풍수 (2)	함창읍 척동리 산 2	① 冠岩洞天	척동
2		화북면 용유리 245-5	① 洞天	우복동
3	공적비 (10)	함창읍 금곡리 산69-1	① 縣監 閔泳悅 頌德碑 辛巳 九月 日 東面 立 ② 首椽 金圭穆 不忘碑 辛巳 九月 日 自我侯来 庶幾無訟 二天仁化 万年爭頌 東面立	봉황정
4		함창읍 교촌리 산 6	① 風憲李東馨不忘碑	무운로
5		공성면 옥산리 308-1	① 行牧使兪侯彦鉉淸德愛民永世 不忘碑	면사무소
6		은척면 봉중리 470-1	① 巡査朴基夏不忘碑	시암천
7		남장동 산63-1	① 李震啓永世不忘, 丙子四月 日, 幹事普演普閑 ② 吉永洙,	남장사
8		만산동 454	① 牧使洪侯元燮不忘碑 乾隆五年戊申五月 ② 首書記朴公晚植不忘碑 重修城隍	영암각
9		성하동 13-2	① ○○○署長 廳舍長遠功勞碑 檀紀四二○○年○月○日 尙州警察署長 ○○○○	경찰서

구분	용도	위치	내용	비고
10	종교 (6)	내서면 북장리 37-3	① 景巖堂浮屠 壬寅 八月 立	북장사
11		화서면 하송리 307	① 南無山王之位	청계사
12		화서면 하송리 산44-1	① 慈岩禪師生石	내원암
13		화북면 입석리 산29-1	① 釋門洞	석문사
14		화북면 입석리 443-1	① 佛法僧	석문사
15		은척면 봉중리 382	① 聖主乾坤 鳳鳴日月 丙寅夏四月默菴過此	동학
16	묘비 (3)	화북면 장암리 산42	① 北便有三重大匡金寧獻 金海金公諱牧鄉之墓	견훤산성
17		만산동 산64-6	① 廣州李氏墓	자산
18		병성동 산21-1	① 通政大夫江陵劉公諱秉德之墓 配淑夫人平山申氏之墓 府右巽坐	병풍산성
19	정자명 (3)	낙동면 분황리 산4	① 伴鷗亭 ② 觀瀾臺	낙동강
20		연원동 산140	① 水石亭	북천
21	폭포명	화북면 입석리 산29-1	① 玉樑瀑布	옥량폭포
22	유상처 (21)	함창읍 금곡리 산69-1	① 鳳凰臺 肯汕 安浩性 千年鳳去一空臺 依舊江山客上臺 莫道金陵專勝地 昌州亦有鳳凰臺 肯汕 題 ② 詩 臺荒石古壁苦生 遺恨前朝三義士 鳳不知還曠感生 高風百世兩先生 霜鱗活潑無心躍 剩水佳山看未洽 雪鳥翩翻底意生 夕陽踈樹暮雲生 肯汕 題 檀祖紀元四千二百八十年 寒露節	봉황정

구분	용도	위치	내용	비고
23	유상처 (21)	낙동면 승곡리 산16-1	① 黔澗先生杖履之所	옥류정
24		청리면 청하리 산31	① 月澗 蒼石 兩先生遺墟 自此至蒼石臺	수선서당
25		청리면 가천리 산35-2	① 天雲臺	서산
26		외남면 송지리 산33	① 石川臺	
27		외남면 구서리 산4	① 盤石 新圃孫公命名	서산
28		내서면 서만리 산79	① 水回洞	우곡잡영
29		모동면 수봉리 636	① 洗心石	석천
30		화북면 용유리 38-1	① 大隐屏 崇禎周甲後戊子春 ② 宴坐巖 ③ 靈芝山 ④ 千命碩, 金尚默 檀紀四千二百八十年丁亥 二月 日 二友	영지산
31		외서면 우산리 산35-23	① 自此臺上 至水回洞 ② 御風臺 ③ 文莊公愚伏 鄭先生別業	계정
32		이안면 소암리 453	① 素巖 ② 白小齋	
33		이안면 이안리 438	① 懶齋蔡先生杖履之所 庚子五月 日 嗣孫 永錫 後孫郡守義植刻	쾌재정

구분	용도	위치	내용	비고
34	유상처 (21)	서곡동 산31-1	① 一面高山 高秀臺 日月岩 三皇諱辰 太祖戊寅閏五月十日 孝陵 神宗庚申七月二十一日 定陵 毅宗甲申三月十九日 思陵 萬世大明 麟徑大義 丁丑 家日吾行必 於斯寺名豈偶爾幽 抱神連知(□)壺翁魯連高燭 擎天臺	식산
35		지천동 산75-3	① 穐遊巖	갑장산
36	기타 (3)	공성면 무곡리 543	① 金海金氏双轎岩	문중
37		남성동 140	① 卒業紀念植樹	중앙공원
38		만산동 산47	① 周聖笠名	

※ () 내서는 새긴 글 또는 문장의 수를 말한다.

3. 분포도

화북면
이안면
함창읍
은척면
공검면
화남면
외서면
사벌면
화서면
내서면
중동면
화동면
낙동면
외남면
모서면
청리면
모동면
공성면
1 冠岩洞天
2 洞天
3 縣監 閔泳悅 頌德碑
首祿 金圭穆 不忘碑
4 風憲李東馨不忘碑
5 行牧使兪侯彦鉉清德愛民永世不忘碑
6 巡査朴基夏不忘碑
7 李麖啓永世不忘, 吉永洙
8 牧使洪侯元燮不忘碑
首書記朴公晩植不忘碑
9 縣舍長遠功勞碑
10 景巖堂浮屠
11 南無山王之位
12 慈岩禪師生石
13 釋門洞
14 佛法僧
15 聖主乾坤 鳳鳴日月
16 金海金公諱牧鄕之墓
17 廣州李氏墓
18 通政大夫江陵劉公諱秉德之墓
19 伴鷗亭, 觀瀾臺
20 水石亭
21 玉樑瀑布
22 鳳凰臺
23 黔澗先生杖子之所
24 月澗 蒼石 兩先生遺墟
25 天雲臺
26 石川臺
27 盤石
28 水回洞
29 洗心石
30 宴坐巖
31 御風臺
32 素巖, 白小齋
33 懶齋蔡先生杖子之所
34 高秀臺, 日月岩, 擎天臺
35 李遊巖
36 金海金氏 鶴岩
37 卒業紀念
38 周聖笠名

제1절 풍수(風水)

1. 관암동천(冠岩洞天)

함창읍 척동리 산2번지(N 36°33'29.9", E 128°12'31.5")로 척동1리와 척동2리(관암)사이 덕봉산 자락 관암길 옆에 위치한다. 이곳은 덕통리의 덕통산 옥여봉 동쪽 자락과 영강(穎江)이 마주치는 곳이다. 북쪽 끝자락 정상에는 1979년에 세운 아주신씨(鵝洲申氏)의 정자 현오정(鉉五亭)이 있다. 이곳 기슭에 탕건(宕巾) 모양의 바위가 있어 탕건바위라 부르고 그로 인해 관암(冠岩)이라고 한다. 조성은 바위면을 평탄하게 다듬은 후 '冠岩洞天(관암동천)'을 종서로 새겼다. 그 옆에는 '權重熙(권중희)'란 이름을 새겨 놓았는데 조성자 이름으로 보인다.

전경

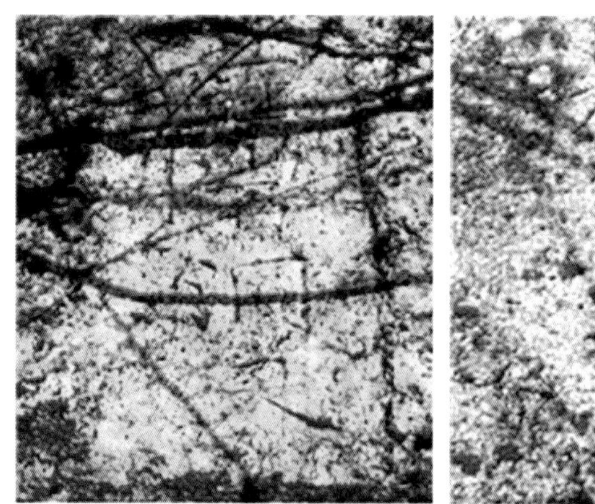

冠岩洞天(관암동천)

權重熙(권중희)

冠岩洞天(관암동천)

2. 동천암(洞天巖)

'동천(洞天)'이란 아름다운 산천으로 둘러싸인 경치 좋은 산간계곡이나 신선이 살만한 비경·선경을 의미하기도 한다. 한국의 이상향은 향천사상(向天思想)으로 단순한 하늘 숭배사상이 아닌 천인일체(天人一體)사상으로 볼 수 있다.

즉 풍수지리의 자연 과학적 성격과 인간의 길흉화복(吉凶禍福)의 도참적 사고가 결합되어 길지사상(吉地思想)으로 전개되며, 길지는 풍수측면에서는 살기 좋은 곳으로 해석되고 도참측면에서는 은둔의 장소로 해석된다.

전경

한국의 대표적인 이상향으로 청학동(靑鶴洞), 만수동(萬壽洞), 오복동(五福洞)이 있다. 이러한 이상향의 동(洞)이 우리 머릿속으로 전래되어 온 길지(吉地)이고, 길지사상과는 다른 도참적 이상향이 정감록(鄭鑑錄)이다.

정감록에는 구전되어 오던 길지가 십승지지(十承之地)로 구체화되었다.

또한 이상향은 소설과 노래로도 전해지는데, 소설의 경우 허균의 홍길동전에 나오는 율도국과 연암 박지원의 허생전의 무인공조(無人空島)가 대표적이라 할 수 있다.

노래에는 제주도의 이어도, 조선시대 명당가, 판소리 홍부가 등이 있다. 상주에서는 우복동 노래가 전한다. 우복동 지도에는 오장비가 표기되어 있고, 우복동을 찾는 표석이 동천암이기 때문에 이상향과 직접적인 연관성이 있다.

동천암은 화북면 용유리 246-4번지(N 36°34'10.6", E 127°55'36.7")로 쌍용계곡 상류 도장산 북쪽 자락에 위치하고 있었는데 지금은 도로 확장으로 도로에 접해 있다. 이 동천암은 우복동도(牛腹洞圖)와 일이승(一耳僧)의 우복동기(牛腹洞記)[2]에 오장비(五丈碑)로 나타난다.

2 一耳僧 牛腹洞記(호남기록문화시스템 자료, http://honam.chonbuk.ac.kr/index.jsp)

牛腹洞圖(화북 용유리)

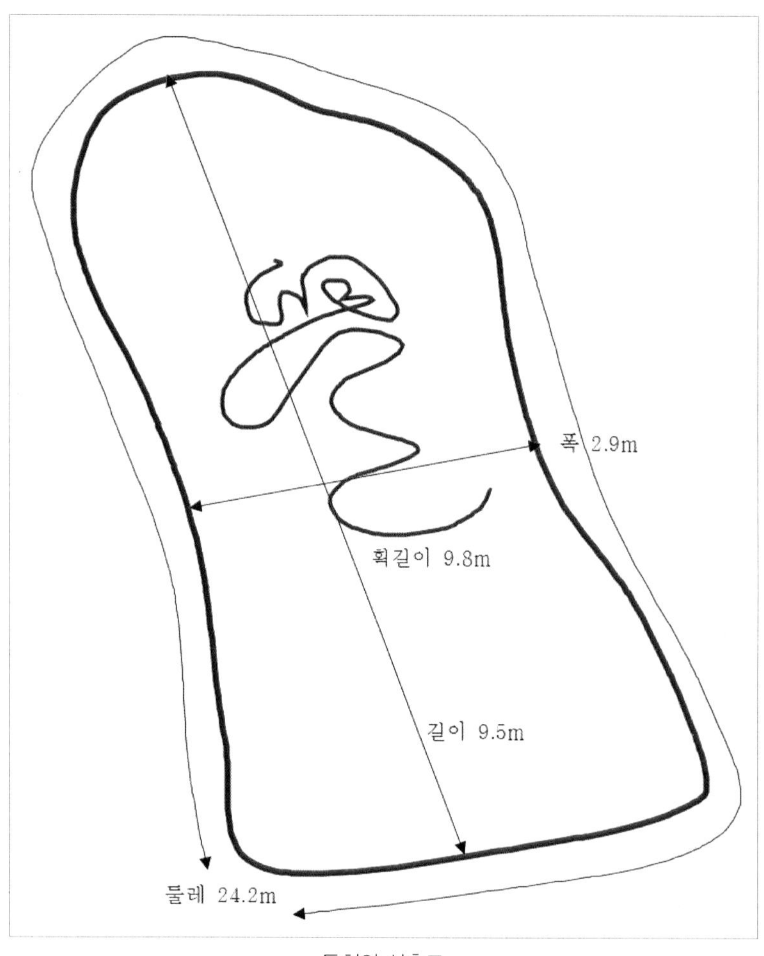

동천암 실측도

여기에 나타나는 오장비(五丈碑)의 오장(五丈)을 동천암의 치수와 비교해 보면 동천암의 바위 둘레는 약 24.2m, 길이 9.5m, 폭 2.9m, 동천(洞天) 글자의 획(劃) 길이는 9.8m이다.[3] 이 바위는 화강암으로서 32번 지방

3 필자가 바위의 둘레, 폭, 획의 길이 등을 실측한 수치이다.

도에서 도장산 방향으로 40° 정도 누운 바위 위에 '洞天(동천)'을 초서 일획(草書 一劃)으로 새겼다.

장(丈)은 척관법(尺貫法)의 길이 단위로서 10자(尺)이며 미터법의 3.03m에 해당한다. 중국 주(周)나라에서는 8척을 1장이라 하고 성년 남자의 키를 1장으로 보았다. 현대의 미터법으로 계산하면 오장(五丈)은 15.15m(5×3.03m)인데, 실제 오장(五丈)은 동천암의 폭, 높이, 글자 획의 길이 모두 10m 이하로 오장(五丈)이라 볼 수 없다. 조선시대에 사용되었던 척도를 비교해 보면 다음 표와 같이 布帛尺[4](遵守)의 주척 1장 8척으로는 18.69m, 미터법으로 1장 10척을 환산한다면 23.37m로 바위 둘레 실측치 24.2m에 가장 근접한 수치이다. 따라서 동천암이 오장비라고 한다면 오장(五丈)은 바위 둘레 길이에 의해 만들어진 이름이라고 하겠다.

<척도 비교표> (5장×8척, 10척)

種別	換算		주척(m) 8척 1장	미터법 1장 10척
	黃鐘尺	m		
黃鐘尺	1.00000	0.3472	13.89	17.36
周尺	0.59929	0.2081	8.32	10.41
營造尺	0.89969	0.3124	12.50	15.62
造禮器尺	0.82496	0.2864	11.46	14.32
橫尺	0.76046	0.2640	10.56	13.20
布帛尺(五禮)	1.28900	0.4475	17.90	22.38
布帛尺(遵守)	0.34600	0.4673	18.69	23.37
一等量田尺	2.86161	0.9936	39.74	49.68
黃鐘律管	0.90000	0.3125	12.50	15.63

4 포백척 - 피륙을 재는 데 쓰는 자

한편 동천(洞天)을 새긴 사람이 봉래(蓬萊) 양사언(楊士彦, 1517~1584)이라는 설(說)과 개운당(開雲堂 和尙, 1790)이라는 설(說)이 있다. 개운당은 1790년(정조 14) 상주 개운동(父: 金氏, 母: 楊氏)에서 출생하여 51세 되는 경자년(1840년) 8월 세 번째 경일(庚日)에 쓴 것으로, 그때 읊은 '원고함중개운당유서(原藁緘中開雲堂遺書)' 게송이 전하고 있으나 입적일은 알 수 가 없다.[5]

한국불교에서 능엄경, 화엄경, 법화경, 금강경은 불교인의 정서에 깊숙이 자리 잡고 있는 경전이다. 그 중에서 능엄경의 주석서의 일종으로 편찬된 개운당(開雲堂 1790~?)의 '瑜伽心印正本首楞嚴經環解刪補記(유가심인정본수능엄경환해산보기)'에는 능엄경에 대한 관심을 보여 주는 자료가 있는데, 이 글은 1840년(庚子) 4월 8일 도장산 심원사(尋源寺) 개운당(開雲堂)이 보환(普幻)의 환해산보기(環解刪補記, 1265)에 송(頌)을 붙이고 주(註)를 정리하여 토(吐)를 단 것이다. 이 책에 부록한 것이 '원고함중개운당유서(原藁緘中開雲堂遺書)'로서 그 내용은 다음과 같다.

拳寫洞天字(권사동천자)

주먹으로 동천(洞天) 이란 글자를 쓰고,

瓜鐫閑坐句(과전한좌구)

손톱으로 한좌(閑坐) 라는 글귀를 새기니

石柔如軟土(석유여연토)

돌이 물렁한 흙처럼 부드러워서

受我顯名區(수아현명구)

나의 유명한 글귀를 잘 나타내 주네

---

5 유가심인정본수능엄경환해산보기(瑜伽心印正本首楞嚴經環解刪補記)에 부록한 '원고함중개운당유서(原藁緘中開雲堂遺書)', 김명환,「동천암과 개운화상」,『상주문화 제4호』. 113~116쪽

淸流磐石上(청류반석상)

맑은 물 흐르는 반석 위에

故敎龍子遊(고교용자유)

짐짓 용으로 하여금 놀게 하니

此吾少戱跡(차오소희적)

내 어릴 적 놀던 일 같은 자취도

能傳千萬秋(능전천만추)

천추만추에 전할 수 있거늘

況刊經功德(황간경공덕)

하물며 경전을 간행하는 공덕이랴!

福海無邊頭(복해무변두)

복의 터전이 한이 없으리.

修學諸賢等(수학제현등)

수행하는 여러 어진 이들은

超脫死生漚(초탈사생구)

나고 죽는 물거품 같은 일을 벗어나리.

이 내용에서 개운화상이 글자를 썼다는 것은 '주먹으로 동천(洞天)이란 글자를 쓰고 손톱으로 한좌(閑坐)라는 글귀를 새기니'라는 내용 때문이다. 그러나 동천암에 '洞天'의 글자는 있으나 '閑坐'라는 글자는 찾을 수 없다.

한편 봉래 양사언의 글씨라는 것을 검토해 보면, 봉래는 1546년(명종 1) 문과에 급제하였다. 대동승(大同丞)을 거쳐 삼등·함흥·평창·강릉·회양·안변·철원 등 8고을의 수령을 지내면서 자연을 즐겨 회양군수로 있

元化洞天(원화동천) 사진

洞天巖(동천암) 사진

元化洞天(원화동천) 탁본

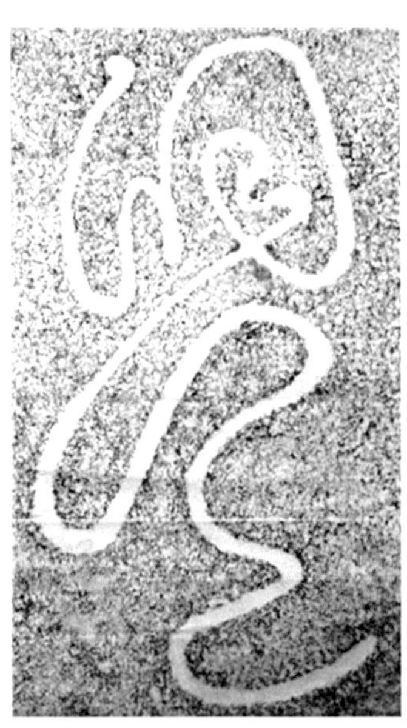

洞天巖(동천암) 탁본

을 때는 금강산에 자주 가서 경치를 완상하였으며, 만폭동(萬瀑洞)의 바위에는 '蓬萊楓岳元化洞天(봉래풍악원화동천)'이라 새겨진 그의 글씨가 지금도 남아 있다. 그의 글씨는 해서와 초서에 능하여 안평대군, 김구, 한호와 함께 조선 전기 4대 서가로 일컬어졌으며, 특히 큰 글자를 잘 썼다.

금강산의 만폭동(萬瀑洞)에 쓴 '蓬萊楓岳元化洞天'의 '洞天'이 동천암의 동천의 글씨체와 모양이 같기에 동천암의 글씨가 양사언의 글씨라고 하는 것이다. 만폭동의 '洞天' 탁본,[6] 봉래풍악원화동천(蓬萊楓嶽元化洞天)과 동천암의 '洞天'[7]의 글자체를 비교해 보면 다음과 같다. 비슷한 모양이나 세부적으로는 형태와 모양이 달라 같은 필체로 보기는 어렵다.

또한 양사언의 각자설(刻字說)에 대해 한정당 송문흠(宋文欽, 1710~1752)은 '甁泉記略(병천기략)'에 '刻楊蓬萊洞天二大字(각양봉래동천이대자)'라 하여 양봉래가 동천이라는 두 글자를 크게 새겼다고 하였다.[8]

이 내용으로 볼 때 개운화상이 출생하기(1790년) 전부터 한정당의 병천정기를 지을 때 동천암에 '洞天'은 새겨져 있었고, 양봉래 즉 봉래 양사언이 '洞天' 두 글자를 크게 새겼다고 함으로써 개운화상 각자설은 신뢰성이 없어진다.

한정당 송문흠은 송병익[9]의 손자로 조부가 상주 목사를 하였다. 부친인 송요좌(宋堯佐)는 동천암과 약 900m 떨어진 문경시 농암면 내서리 산 5-33번지에 병천정(甁泉亭)을 1703년(숙종29)에 건립한 것으로 보아 동천암이 위치한 화북면 일대와 연고가 많았음을 알 수 있다. 이러한 연고에

---

6 한국학중앙연구원, 왕실도서관 장서각 디지털 아카이브 자료

7 필자 사진 촬영

8 한국고전DB. 한국문집총간, 한정당집(閒靜堂集) 閒靜堂集卷之七 記 甁泉記略 송문흠(宋文欽) 1788년 간행

9 송병익, 1714.1~1716.3. 상주목사로 재임

따라 병천기(甁泉記)를 남긴 것으로 보인다. 따라서 이 암각서는 양사언의 글씨와 모양적 차이는 있으나 한정당의 화북 연고에 따른 사실적 기록에 따라 개운화상보다는 양사언의 각자설이 신뢰성이 높다고 하겠다.

그러나 양사언은 관직에 있을 때 상주지방에서 벼슬을 하지 않았기에, 어떠한 연유로 상주 화북까지 와서 '洞天'이란 글자를 새겼는지 연결되는 기록이 없다. 때문에 양사언의 글씨가 명문이라 천하절경의 금강산 만폭동에 새겨진 '蓬萊楓岳元化洞天'을 모방하여 누군가 새긴 것이 아닌가 하는 추정도 배제할 수는 없다.

<연관 인물 비교>

구분	楊士彦	李重煥	宋文欽	開雲堂
생몰연도	1517~1584	1690~1756	1710~1752	1790~1840년 이후

그 당시의 상황을 인물에 따라 정리해 볼 수 있겠는데, 관련된 인물은 양사언, 이중환, 송문흠, 개운당이다.

양사언의 경우 이곳에 동천을 쓰고 각자했다는 기록이 없고, 이중환도 택리지에서 금강산의 원화동천을 '구렁 벽에는 양사언이 봉래풍악 원화동천이라 크게 여덟 글자를 썼는데 글자 획이 날아가는 듯하다. 마치 살아 있는 용과 범이 날개가 돋쳐 너울너울 날아가는 것 같다' 하였다. 이중환은 '청화산인'이란 호(號)를 쓸 만큼 청화산 일대를 잘 알고 잘 묘사해서 1751년 택리지를 썼는데, 그 당시 동천암에 암각서가 있었다면 택리지에 분명히 '洞天'을 묘사해서 글을 썼을 것이다. 그러나 택리지에는 '洞天'에 대한 언급은 없다. 그 이후 송문흠은 양사언의 글씨라고 하였는데 이중환과 송문흠의 몰년(沒年)은 4년 차이로 송문흠이 빠르다. 이러한 정황을 보면 개운당 이전인 이중환과 송문흠 때에도 정황이 맞지는 않는다.

동해시 삼화동에 소재한 무릉계곡에는 무릉선원(武陵仙源) 중대천석(中臺泉石) 두타동천(頭陀洞天)이란 양사언의 초서체 암각서가 있다. 이외의 초서는 금강산 만폭동의 동(洞)자도 초서로 새겼는데 이 암각서는 '洞天' 같은 종서가 아니고 횡서인데 글씨체를 비교해보면 다음과 같다.

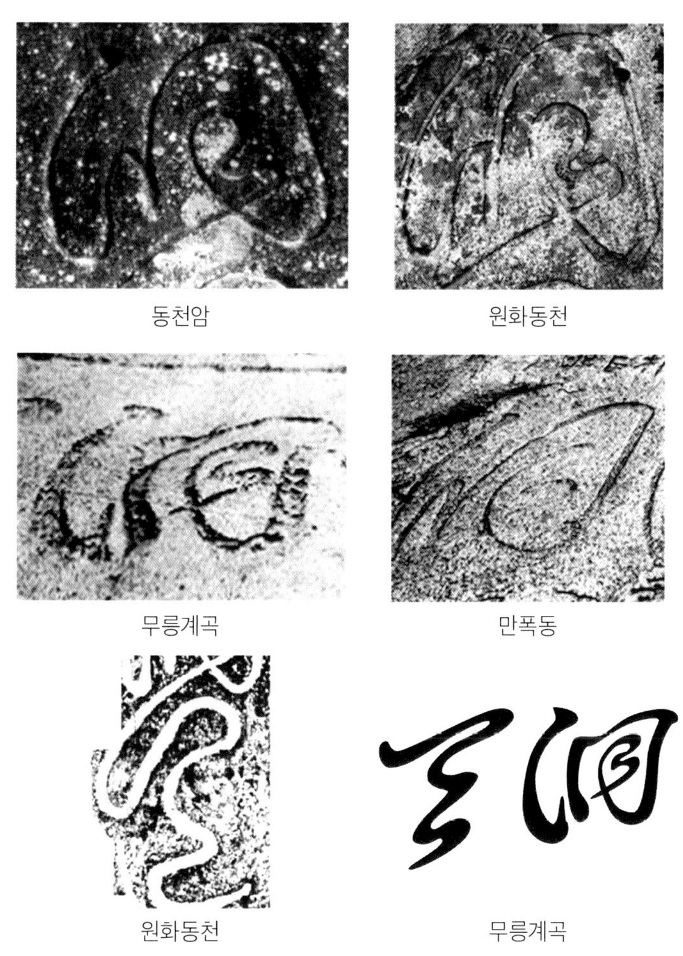
동천암 원화동천
무릉계곡 만폭동
원화동천 무릉계곡

무릉계곡과 원화동천은 양사언의 글씨라는 것이고, 만폭동은 누구의 글씨인지 알 수 없다. 위 그림에서 무릉계곡과 원화동천의 글씨는 양사언의 글씨이나 필체가 다르다. '洞'은 만폭동의 '洞'과 유사하고 '天'자도 무릉계곡의 글씨체도 다르다.[10]

동천암의 '洞'과 원화동천의 '洞'자를 비교해 보면 다음 그림과 같이 '氵'변과 '同'의 연결 부위의 필법에는 조금의 차이가 있다.

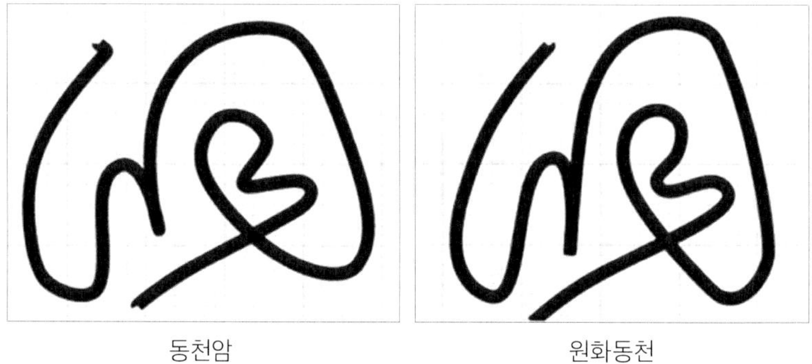

동천암 원화동천

10 무릉계곡의 동천은 필체가 달라 강릉부사를 역임한 정두형의 글씨라는 설이 있다.

제2절 공적비(功績碑)

1. 봉황대(鳳凰臺) 공덕비군

전경

함창읍 금곡리 산 69-1번지(N 36°32'0.4", E 128°12'50.7") 봉황정 아래 단애부에는 공덕비 2개와 긍산(肯山)의 시(詩) 2개의 암각서 군이 조성되어 있다. 시문 2개는 유상처에서 별도 상술하겠다.

공덕비의 동쪽 암면에는 '縣監 閔泳悅頌德碑 辛巳九月日東面立(현감 민영열송덕비 신사구월일동면입)'과 '공적 24자 판독 불명', 남쪽에는 '首椽金圭

穆不忘碑 辛巳九月日(수연김규목불망비 신사구월일)'을 새겼다. 민영열 현감비 우측에는 종 3열, 횡 2열로 24자의 현감 공적을 알리는 내용이 각자되어 있으나 글씨가 작고 새김이 얕아 식별이 어렵다.

민영열(閔泳悅) 현감은 광흥창령[11]에서 1881년 1월 16일 함창현감에 제수되어 3월 8일 도임하였으며, 1882년 10월 27일 토산군수[12]로 이임되었다. 이때의 이방은 김규목(金圭穆)[13]이었다.

縣監 閔泳悅頌德碑(현감 민영열송덕비) 전경

11 廣興倉, 현재 서울시 마포구 창전동 402번지 일대에 있었으며, 조선시대 관원들의 녹봉(祿俸)을 보관, 지급하는 관아와 그 창고가 있었다.

12 兎山縣, 황해북도 토산군, 고려시기에 장단(長湍)의 속현으로 신설하였고, 1413년에 황해도 황주목(黃州牧) 토산현으로 되었다가 1895년에 개성부(開城府) 토산군으로 개편되었다.

13 咸昌縣先生案, 閔公泳悅 辛巳正月十六日 政以廣興倉令 除授 本職 三月初八日 到任 壬午十月二十七日 政相援 兎山郡守, 新迎 金圭穆

首椽金圭穆不忘碑(수연김규목불망비) 전경

縣監 閔泳悅頌德碑(현감 민영열송덕비)

首椽金圭穆不忘碑(수연김규목불망비)

2. 풍헌 이동형 불망비

전경

함창읍 교촌리 산6번지(N 36°34'36.6", E 128°9'1.5") 32번 지방도 무운로 옆에 위치하며, 이안면 양범리에서 함창읍 교촌리 방향으로 난 산자락 바위면에 호패형으로 다듬어 비를 조성했다.

비의 내용은 '風憲李東馨不忘碑(풍헌이동형불망비)'이고, 그 좌측면에 '庚寅四月 日 立(경인사월 일 입)'이라 새겨져 있다. 비를 세운 때는 경인년으로 1890년 4월로 추정된다.

풍헌은 조선시대 지방 수령의 자문기구인 향청의 여러 직임 중 한 직임[14]으로서 정상적인 행정 관료가 아니라 이동형에 대한 행적을 잘 나타나지는 않는다.

風憲李東馨不忘碑(풍헌이동불망비)

14 조선시대 지방 수령의 자문·보좌를 위해 향반(鄕班)들이 조직한 향청(鄕廳)의 직임(職任)으로서 향임(鄕任)이 있었다. 향임에는 창감(倉監)·감관(監官)·풍헌(風憲)과 그 아래 소리(所吏)·사령(使令)·소동(小童)·식모 등이 있어 인원은 보통 10~30명이었다. 풍헌은 각 면내의 수세(收稅)·차역(差役)·금령(禁令)·권농(勸農)·교화 등 모든 일선 행정 실무를 주관해 1면의 민정을 장악했다.

3. 유언현 목사 공덕비

전경

유언현[15] 목사의 공덕비이다. 본관은 기계(杞溪), 자는 중필(仲弼)로 상주에서의 행적을 보면 1778년(정조2) 1월 24일 상주목사로 임명받아 2월 11일 부임하였다가 1779년(정조3) 12월 대동미 상납기한 경과로 파직되었

15 유척기(兪拓基, 1691~1767)의 2남으로서 유척기는 1758~1960까지 영의정, 그 이후 영중추부사(領中樞府事), 봉조하(奉朝賀), 기로소(耆老所), 충렬서원 원장을 하였다.

다. 그러나 공덕비가 여러 곳에 세워졌고, 후에 선정이 보고되어 품계를 올려 받았다는 것을 보면 복직되었던 것으로 보인다.

이 비는 화강암의 자연석을 다듬어 비석 모양을 음각하고, 중간에 '行牧使兪侯彦鉉淸德愛民永世不忘(행목사유후언현청덕애민영세불망)'이라 새겨져 있고, 새김 깊이가 얕아 판독이 쉽지 않으나 좌측의 문구는 '庚子二月重刊(경자이월중간)', 우측의 문구는 '功城面立(공성면입)'으로 판독된다. 음기에 따라 경자년 2월에 공성면에서 중간하여 세운 것이라면, 상주목사로 재임한 이후의 경자년(庚子年)인 1780년, 1840년, 1900년 중 하나일 것이다. 불망비는 목민관 이임 이후에 면민이 건립하는 것이 상례로 1780년 건립하는 것이 일반적이나, 중간(重刊)과 공성면(功城面)이란 내용을 볼 때 1900년에 새로 새긴 것이다. 이러한 추정은 1914년 4월 1일에 공동면, 공서면, 청남면의 동리를 병합하여 공성면이란 명칭을 사용하였기 때문이다.

비신은 높이 148㎝, 폭 51㎝로 공성면 거창리 690번지(N 36°16'6.6", E 128°4'58.2") 주택의 담장 경계에 세워져 있었는데, 2008년 5월 29일에 공성면 옥산리 308-1번지(N 36°17'0.2", E 128°5'32.8") 공성면사무소 전정으로 이건하였다.

다른 곳의 유언현 목사비는 상주에서는 공성면 거창리, 낙동면 구잠리, 화서면 신봉리에 3개가 건립되어 있고, 문경시 모전동 중앙공원에도 1개가 건립되어 있다. 화서면 신봉리의 비는 '行牧使兪公彦鉉永世不忘碑(행목사유공언현영세불망비)'로 건립 연대는 알 수 없다. 낙동면 구잠리의 비는 '牧使兪侯彦鉉永世不忘碑(목사유후언현영세불망비)'로 1780년(庚子年)에 건립되었는데 비좌가 자연석을 활용하여 귀부를 만든 것이 특이하다. 문경시 모전동에 있는 비는 1976년 5월 8일 후손이 비좌와 비수를 보수하여 새로 세웠다.

行牧使兪侯彦鉉淸德愛民永世不忘(행목사유후언현청덕애민영세불망)

4. 순사 박기하 불망비

전경

은척면 봉중리 470-1번지(N 36°32'5.3", E 128°4'25.6")로 997번 지방도를 따라 면소재지에서 봉중교를 건너면 나오는 시암천과 산자락의 경계에 위치한다.

실제 지형은 산자락 끝부분과 밭(田) 사이의 바위 면으로 산지이나 지적공부에는 시암천 하천에 포함되어 있다. 비의 내용은 '巡査朴基夏不忘碑(순사박기하불망비)'로, 그 우측에 '猗歟公兮 正直無尤(의여공혜 정직무우)', 좌측에 '一片石兮 斯名不(일편석혜 기명불)'과, 그 밑에 '禹鳳九刻(우봉구각)'이라 새겼다.

순사 박기하는 1925년, 1927년 화동경찰관주재소, 1930년 모서경찰관주재소에서 순사로 근무하였다. 출생년도는 자료가 정확하게 일치하지는 않지만 근무 당시 40세 이상으로 1885~87년생으로 보인다.[16]

16 巡査 朴基夏, 조선총독부 경찰직원록(조선경찰신문사 발행, 1925) 화동경찰관주재소, 순사, 40. 조선경찰직원록(1927.11.5) 화동경찰관주재소, 순사, 40. 조선경찰직원록(1930.1.1) 모서경찰관주재소, 순사, 43.

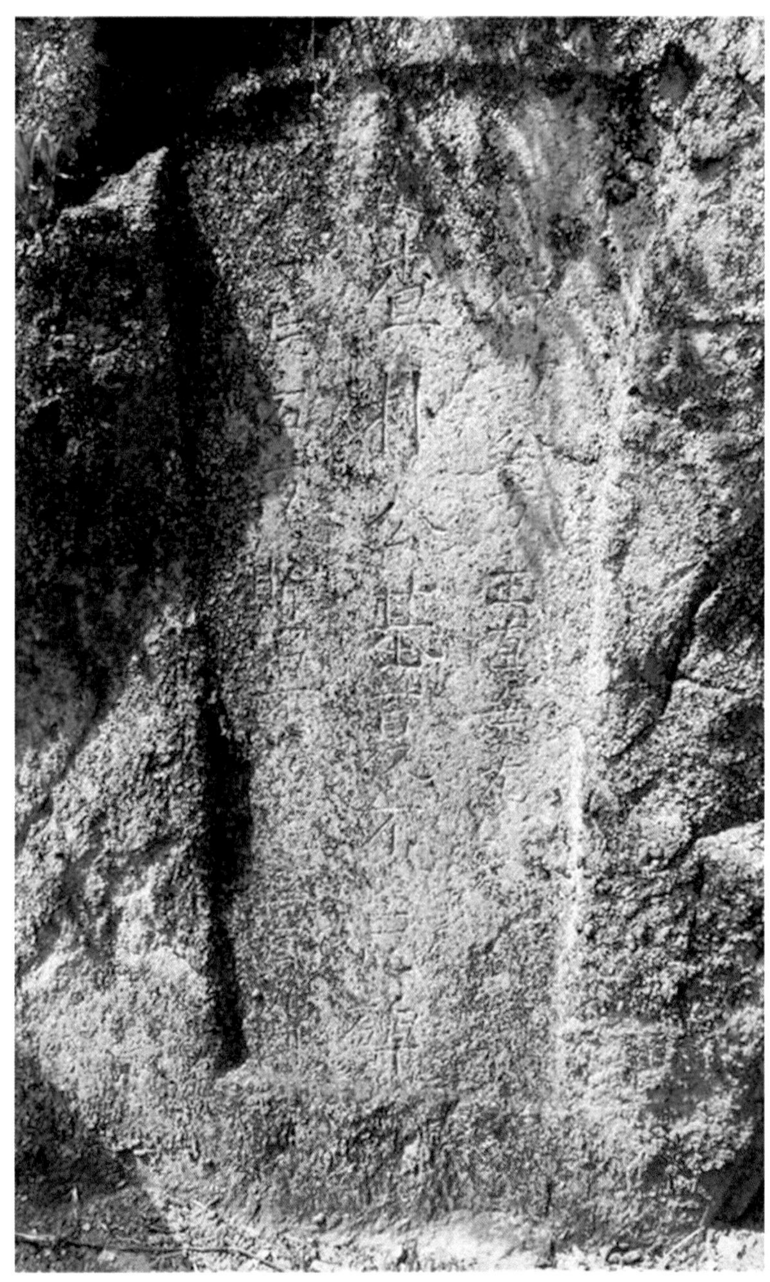

巡査朴基夏不忘碑(순사박기하불망비)

5. 남장동 비석군

남장동 산63-1번지(N 36°25'47.3", E 128°6'22.6")에 위치해 있는데 이는 남장사 경내로 일주문과 도안교 사이 중간지점에 위치한다. 절 진입로 좌측에 있는 독립 바위의 면을 호패형으로 다듬은 후 중앙에 '李震啓永世不忘(이진계영세불망비)'을 새기고 그 좌측에 '丙子四月 日(병자사월 일)', 우측에 '幹事普演普閑(간사보연보한)'을 새겼다.

'李震啓(이진계)'는 이만규(李晩奎, 1815.3~1817.12) 상주목사 재임 때 호장을 하였다. 따라서 이만규 목사 재임 때의 병자년은 1816년으로서 1816년 4월에 세운 것이다.

'李震啓'비 좌측 옆에는 형상을 동일하게 다듬은 후 '郡守 吉永洙(군수 길영수)'를 중앙에 새기고 그 좌측에 '光武十年丙午五月日 吏房金東錫(광무십연병오오월일 이방김동석)'을 새겼다. 길영수 군수비를 1906년 5월에 이방 김동석이 새겼다. 길영수(吉永洙) 군수는 1905년 10월부터 1906년 12월까지 상주군수를 역임하였다. 본래는 왕실의 지관(地官)이었으나 고종의 총애를 받아 1898년 과천군수가 되었고, 육군 참위를 거쳐 농상공부 농상국장, 육군참령, 철도원 감독, 한성부판윤을 지냈다. 1904년에는 송규헌(宋奎憲)의 민재약탈, 관작매매 등 비판상소를 올리기도 했다.

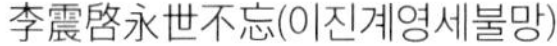

李震啓永世不忘(이진계영세불망)

郡守吉永洙(군수길영수)

6. 영암(靈巖) 공덕비군

전경

「상주에 부임하는 목사(牧使)가 북행(北行)을 하면 자주 해(害)를 입었고 불상사(不祥事)가 잦았는데 어느 날 새로 부임한 목사(牧使)의 꿈에 큰 바위가 나타나서 자기 몸을 풍우(風雨)로부터 막아 주면 재앙(災殃)을 없애 주겠다 하여 그 바위에 보호각을 지어 모시니 재앙이 없어졌다.」는 설화가 전해온다.

상주목과 고을의 대표인 목사의 '무사안녕(無事安寧)'이라는 암석신앙(巖石信仰)의 전설(傳說)을 가지고 있는 바위가 '靈巖(영암)'이다. 이 바위에 각(閣)을 지어 영암각(靈巖閣)으로 부르고 있으며, 설화의 주체이다.

이 바위는 천봉산 자락의 해발 150m 남향 능선으로서 만산동 454번(N 36°26'12.2", E 128°8'44.9")지에 위치하며, 바위 뒤쪽에는 서향으로 성황사가 있다.

牧使洪候元燮永世不忘碑(목사홍후원섭영세불망비)

영암에는 불망비 2개를 새겨 놓았다. 하나는 좌측면에 호패형으로 면(面)을 정리하고 그 안에 자경 6㎝내외의 종서로 '牧使洪候元燮永世不忘碑(목사홍후원섭영세불망비)'라 비명을 새겼고, 그 좌측에 '乾隆五三年戊申五月(건융오삼년무신오월)'을 새겨 놓았다. 비수는 굵은 선각으로 나타냈다.

비 옆에는 바위 면을 장방형으로 평탄하게 정리한 후 '戶長 車有尙, 吏房 朴尙茂, 監役 析衡 朴時蕃, 色吏 李震祐(호장 차유상, 호방 박상무, 감역 석형 박시번, 색리 이진우)'로 조성자를 새겼다. 비 규모는 높이 78cm, 폭

31cm, 비수 높이 20cm, 폭 55cm이다. 홍원섭은 1786~1788년까지 상주 목사로 재임하였으며, 1788년(정조 12) 5월에 비를 새겼다.

홍원섭 목사비 좌측에는 목사 불망비와 유사한 형식으로 '首書記朴公晩植永世不忘碑(수서기박공만식영세불망비)'라는 비명을 새기고 우측에는 '曲護我洞 永頌其德(곡호아동 영송기덕)'을, 좌측에 '重修城隍 助此岩石(중수성황 조차암석)'을 새겼다. 박만식은 안학주(安學柱, 1903. 윤5~1905.10) 군수 재임 때 이방을 역임하였다.

首書記朴公晩植永世不忘碑(수서기박공만식영세불망비)

그 좌측에 정방형으로 '城隍堂重修記 大韓光武四年五月上澣 都監 朴耳得, 金世焜(성황당중수기 대한광무사년오월상한 도감 박이득, 김세식)'을 새겼다. 이는 1900년 5월 상순에 영암각 뒤쪽에 있는 성황사를 중수하고 불망비를 새긴 것이다.

城隍堂重修記(성황당중수기)

7. 청사 장원 공로비

성하동 13-2번지(N 36°24'56.5", E 128°9'49.9") 상주경찰서 전정에 위치한다. 경찰서 청사를 건립하고 자연석 공로비를 세웠는데 누가 세웠는지 훼손이 심하여 알 수는 없으나 중앙부에 '廳舍長遠功勞碑(청사장원공로비)', 그 우측에 '○○○署長(○○○서장)', '좌측에 檀紀四二○○年○月○日, 尙州警察署長 ○○○○(단기사이○○년○월○일, 상주경찰서장 ○○○○)'을 작은 글씨로 새겼다. 현 청사가 위치한 곳의 청사 건립은 단기 4277년(1944년) 6

廳舍長遠功勞碑(청사장원공로비)

월이며, 그 이전에는 단기 4254년(1921년) 6월 12일 왕산 남쪽에 건립하였다. 글씨체로 보아 일제강점기에 유행하던 글씨체이다. 두 곳 모두 일제강점기 때 이 비가 옮겨지지 않았다면 1944년에 건립된 비라고 할 수 있겠다.

제3절 종교비

1. 경암당 부도(景巖堂 浮屠)

북장사(北長寺) 대웅전 북동쪽 약 60m 지점에 자연석의 바위 면을 다듬어 조성한 부도(浮屠)이다. 내서면 북장리 산9번지(N 36°26'18.3", E 128°4' 53.2")에 위치하며, 산자락의 독립된 바위 중앙에 비신(碑身) 모양으로 다듬고 그 면에 '景巖堂浮屠 壬寅八月立(경암당부도 임인팔월립)'이라고 새겼다.

주연(周緣)을 선각한 이 비신 모양의 면은 상부를 호형(弧形)으로 다듬었고, 하부에는 가늘고 긴(細長) 장방형 돌대(突帶)를 두어 기단을 표현하였다. 기단을 표현한 오른쪽 아래 부분에는 직경 8cm, 깊이 13cm의 원

전경

공(圓孔)이 뚫려 있는데 이것은 원공 안(內)에 사리를 안치하고, 밖에서 구멍을 막은 사리공(舍利孔)으로 보인다.

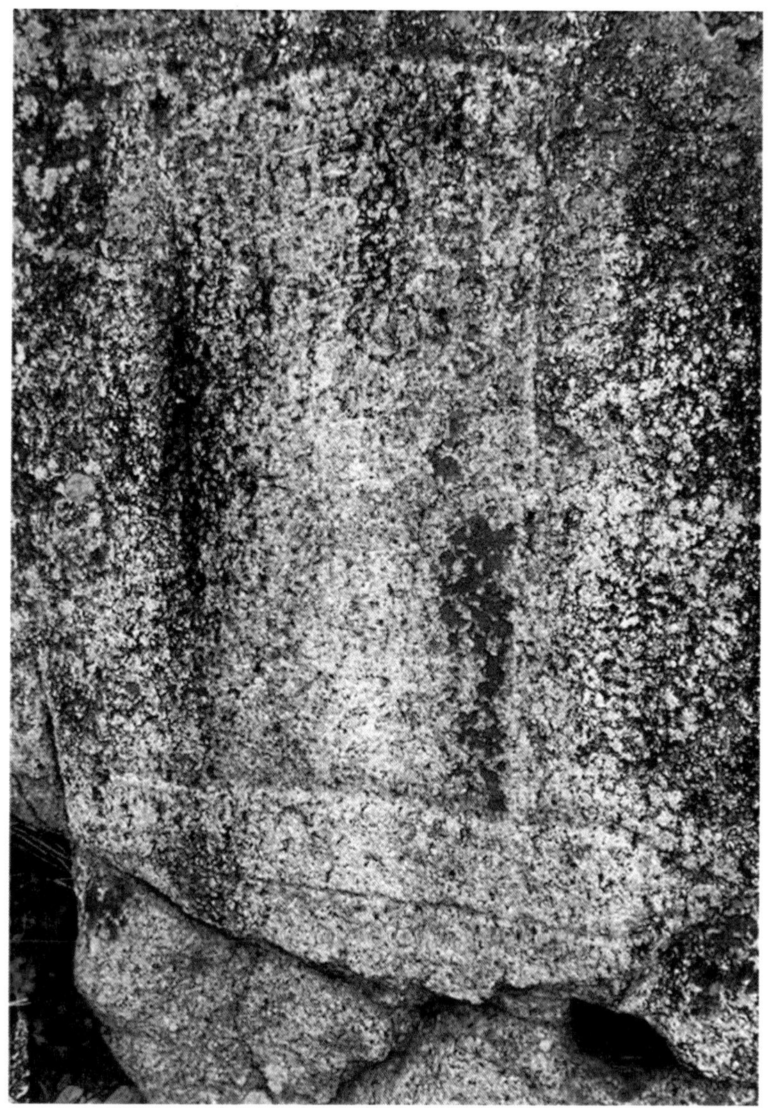

景巖堂浮屠(경암당부도)

2. 남무산왕(南無山王)

청계사의 옛터로 추정되는 곳의 북동쪽 계곡부 밭 중간에 있는 바위에 '南無山王之位(남무산왕지위)'라 새겼다. 위치는 현재 청계사 서북쪽, 청계마을 뒤쪽으로서 화서면 하송리 307번지(N 36°29'25.1", E 127°57'24.5")이다.

전경

'南無山王之位'의 글자 의미를 보면 '南無'는 부처나 보살의 명호 앞에 관사로 붙어있는 말이며, 신명(身命)을 던져 돌아가 의지한다는 귀명(歸命)으로 번역한다.

'山王'은 서낭당이란 단어 중 서낭의 어원으로 산왕→선왕→서낭으로 정착되었다. '之位'는 위패에서 끝에 쓰는 말로 '之'란 글자에는 의미가 없다. '位'는 지위, 자리를 의미하는 말로 신령의 자리를 뜻하는 것이다. 따라서 민속종교에서 토지와 마을을 수호하는 '서낭신'의 자리를 말한다.

즉 서낭당이라 하겠다. 불교유적에서는 이러한 암각서가 많이 발견되었는데, 속리산 법주사에는 자연 암반 곳곳에 '南無阿彌陀佛(남무아미타불)', '南無釋迦牟尼佛(남무석가모니불)', '南無彌勒尊佛(남무미륵존불)'을, 탈골암에는 '南無阿彌陀佛(남무아미타불)'을 바위 면에 새긴 것을 보면 이와 유

南無山王之位(남무산왕지위)

법주사의 佛名(불명)

탈골암의 佛名(불명)

사하다고 할 수 있다.

서낭신앙에서는 보통 당(堂)을 만들거나 신수(神樹)에 잡석을 쌓아 놓은 돌무더기 형태를 이루는데 이곳과 같이 암반에 글자로 표기하는 예는 드문 형태이다.

또한 불명경(佛名經)에 없는 '南無山王(남무산왕)'으로서 불교 도입 시기의 산신각 형태 또는 불교와 도교가 복합된 암각서로도 보인다. 또한 이곳에서 직선거리 350m 떨어진 견훤사당에도 신위가 '後百濟大王神位(후백제대왕신위)'인 것을 보면 이와 무관하지 않다고 생각한다. 이와 유사한 사례를 보면 서울 흥천사에는 '南無山王大神位(남무산왕대신위)'를 암벽에 새기고, 남양주 흥국사에는 '南無山王大神之位(남무산왕대신지위)'를 위패로 모시고 있는 사례를 찾을 수 있다.

이와 같은 사례로 볼 때 이 암각서는 청계사의 '산신각' 역할을 하였던 암각서로 볼 수 있다.

서울 흥천사 사례

남양주 흥국사 사례

3. 자암선사생석(慈巖禪師生石)

청계사 서북쪽 산 중턱인 화서면 하송리 산44-1번지(N 36°29'19.9", E 127°57'7.5") 내원암(內院庵) 터 바위에 '자암선사생석(慈岩禪師生石)'이라는 암각서가 있다. 청계사는 신라 말 도선국사가 창건하였다고 전한다. 이 절은 춘파(春坡), 영월(影月), 자암(慈巖) 선사 등 많은 고승들이 수도했던 곳이다. 하송리 310-15번지에는 춘파와 영월 선사의 부도가 남아 있다.

자암 선사의 행적은 불명이고, '生石'도 어떠한 의미로 각자했는지 알 수 없다. 다만 경상남도 양산시 하북면 백록리 718-1에는 '통도사국장생석표(通度寺國長生石標)'가 있는데 이는 통도사의 경계를 표시한 비이며, '長生'은 이정표의 역할을 하는 표식이다. 이러한 사례로 볼 때 이 암각서에 있는 '生石'은 '자암 선사'가 머문 곳이나 그 장소로 해석이 가능하다.

내원암 터에는 암각서 외에 석조 1개, 원형 맷돌 2개와 방형 맷돌 1개가 남아 있다. 암자 터는 여러 단의 석축으로 조성되어 있고 바위 아래에는 용출수가 솟아나고 있어 주거생활이 가능하며 얼마 전까지 사용하다 무너진 집터가 남아 있다. 입구에는 수백 년 된 소나무가 큰 바위 위에 자라고 있었으나 5년 전 도굴꾼이 분재로 채취하기 위한 작업을 하면서 고사했다고 한다.[17]

---

17 화서면 하송리 원충스님의 현장 안내를 받아 현장을 확인할 수 있었다. (2016.5.5)

전경

慈岩禪師生石(자암선사생석)

4. 불법승, 석문동(佛法僧, 釋門洞)

옥량폭포 상류에는 석문사(釋門寺)가 있다. 석문사 우측계곡에는 약사전이 배치되어 있으며, 이곳에는 다음과 같은 보굴암(寶窟庵)의 전설이 전해 온다.

「조선 단종 때 수양대군(세조)이 왕위를 찬탈하려고 모의하는 것을 수양대군의 딸이 알고 옳지 않음을 간하고, 문종의 유명을 받아 단종을 보호하는 김종서 세력에게 알려줌으로써 딸의 목숨 보전이 어렵게 되었다. 어머니는 딸을 유모와 함께 피신을 시켰는데 피신을 해서 온 곳이 이곳 보굴암이다. 한편 수양대군이 김종서 세력을 제거하는 혼란 중에 유모의 도움으로 김종서의 손자가 피신을 하였는데, 손자가 피신한 곳도 또한 이곳 보굴암이었다. 이때 보굴암에는 앞굴과 뒷굴이 있었다. 앞굴에는 김종서의 손자가 살았고 뒷굴에는 수양대군의 딸이 살았다. 네 사람은 서로의 신분을 숨기고 살다가 여러 해가 지나 두 유모는 두 남녀의 장래를 생각해서 혼인을 시켰다. 그 후 앞굴에는 두 유모가, 뒷굴에는 두 내외가 살았다. 이는 원수를 사랑으로 승화시킨 굴로써 보굴(寶窟)이라 하였다고 전해온다.」

그러나 이곳에 보굴의 흔적은 없고, 위쪽 큰 지붕바위 아래에는 '佛法僧(불법승)'이란 불교의 삼보(三寶)를 새겨 놓았고, 아래쪽 계곡에는 '釋門洞(석문동)'이라 새겨 놓았다. 이러한 전설은 큰 지붕바위 아래에 새진 '佛法僧'의 삼보를 새겨 놓고 신앙의 대상으로 하였기 때문에 생긴 이름이 아닌가 한다. 또한 '釋門洞'은 삼보(三寶)가 있는 곳으로 들어가는 문으로 새겨 놓은 것으로 볼 수 있겠다.

‘佛法僧’은 화북면 입석리 443-1번지(N 36°37′38.0″, E 127°53′7.0″)에, ‘釋門洞’은 화북면 입석리 산29-1번지(N 36°37′36.9″, E 127°53′9.6″)에 각각 위치한다.

보굴암 전경

佛法僧(불법승)

석문동 전경

釋門洞(석문동)

5. 동학(東學) 비

은척면 봉중리 382번지(N 36°31'59", E 128°4'25.3") 은척파출소 앞에 있는 마애비(摩崖碑)이다. 크기는 120×80×20cm로 자연석에 '聖主乾坤 鳳鳴日月(성주건곤 봉명일월)'을 새기고 그 옆 음기(陰記)에 '丙寅夏四月黙菴過此(병인하사월묵암과차)'라 했다.

이 비문은 숭명사상의 대표적인 비문인 괴산군 청천면의 화양구곡과 상주시 사벌면 경천대에 있는 '대명천지 숭정일월(大明天地 崇禎日月)' 비문

聖主乾坤 鳳鳴日月(성주건곤 봉명일월)

과 비교된다.

그 뜻은 '조선의 하늘과 땅은 명나라의 것이고 조선의 해와 달도 명 의종의 것'이라 하겠다. 이와 같은 형식으로 '성주건곤 봉명일월(聖主乾坤 鳳鳴日月)'을 의역(意譯) 해본다면 '이 나라의 하늘과 땅은 성주의 것이고, 이 나라의 해와 달도 성주의 것'으로 해석할 수 있다. 성주는 수운선생으로 볼 수 있으며, 곧 동학 세상을 표현한 것이다. 이 성주는 한방산업단지 뒤쪽에 있는 성주봉의 명칭과도 무관하지 않다고 본다. 따라서 은척면 봉중리부터 동학교당을 거쳐 성주봉 일대까지 동학 세거지가 된다.

이 비(碑)의 주인공이 되는 묵암(默菴)은 천도교 인물에서 찾아보면 신용구와 이종일 2명이 존재한다. 신용구(1883~1967)는 천도교 교령을 4차례 연임한 인물이다.[18]

1926년(병인년)에 이곳에 왔다면 천도교 청년당 영남 대표를 할 당시인 43세 때이다. 그러나 그가 묵암(默菴)이란 도호를 받은 것은 1929년인데 1926년(丙寅年) 비(碑)가 세워진 이후에 받은 도호가 비(碑)에 새겨진 것은 이해할 수 없는 부분이다. 때문에 도호를 받기 전에 호를 묵암(默菴)으로 사용하였을 가능성도 배제할 수 없다. 연보의 확인 등 상세한 추적 연구가 필요한 부분이다.

다른 한 명은 이종일(1858~1925)인데 호는 옥파(沃坡), 천도교 도호가 묵

---

18 신용구(申鏞九), 1883년 9월 27일 경상남도 고성군 출생으로 본관은 평산(平山), 도호(道號)는 묵암(默菴)이다. 1929년 천도교 중앙총부 결의기관의 종법사(宗法師)가 되면서 묵암(默菴)이라는 도호(道號)를 받았다. 1923년 종리사(宗理師), 1925년 천도교 청년당 영남 대표, 1927년 시법포(侍法布) 주관포덕사(主管布德師) 등을 지냈다. 1945년 10월 천도교총부 상주(常住) 전도사에 선출되었고, 1953년부터 1957년까지 현기실(玄機室) 장로, 1961년부터 1966년까지 4차에 걸쳐 교령에 선출되었다. 1967년 2월 10일 노환으로 경남 고성 자택에서 사망했다.(한국민족문화대백과사전)

암(默菴)이다.[19]

옥파는 1925년 67세로 졸하였다. 따라서 비에 새겨진 간지 병인년(丙寅年)은 옥파가 생존할 때에는 1866년으로 8세 때이고, 사후에는 1926년이다. 비의 내용 중 '이곳을 지났다(過此).'는 내용을 볼 때, 8세에 이곳을 지나면서 비를 세웠다는 것은 이해하기 어렵다. 따라서 비가 세워진 곳은 동학교당이 있는 곳으로서 천도교와 동학교는 수운 최제우(1824~1864)의 동학 창시 이후 분파된 교파로서 동학의 근본을 같이하고 있는 은척면 우기리의 동학 교당을 방문하면서 기념으로 세운 비(碑)로 추정된다.[20]

---

19 이종일(李鍾一, 1858.11.6~1925.8.31) 호는 옥파(沃坡), 천도교 도호는 묵암(默菴)이다. 1919년 3.1운동 당시 민족대표 33인 중의 한사람으로서 1920년 10월 경성복심법원에서 징역 3년을 받고 옥고를 치름, 1922년 2월 20일 독립만세운동 주도 탄로나 실패하고 1925년 8월 31일 68세 일기 영양실조로 졸하였다.(한국민족문화대백과사전)

20 「다시 피는 녹두꽃」, 황국환, 박말임 증언 '여기 동학하던 분으로 신용구 선생이 있어요. 본래 그분은 경남 남해 사람이예요. 자기 선생 따라 동학하러 올라왔겠지요. 해방되고 나서 돌아가셨지요. 이 지역에서 시천주 조화정하고 주문을 많이 했었다고 해요'

제4절 묘비

1. 김목경 묘비석(金牧卿 墓碑石)

'北便有三重大匡金寧君 金海金公諱牧卿之墓(북편유삼중대광금녕군 김해김공휘목경지묘)'를 견훤산성 성벽 치(雉)로 사용되는 높은 수직 바위 면에 종서로 새겼다.

김목경(金牧卿, 생몰년 미상)[21]은 김해인(金海人)으로 김해김씨의 중시조이다. 조적(曺頔)의 난을 평정하여 삼중대광(三重大匡) 금녕군(金寧君)에 봉(封)해졌으며, 충혜왕(忠惠王)이 복위 후에도 정사를 등한시하여 여러 번 간언하였으나 받아들여지지 아니하자 벼슬을 버리고 속리산에 은거하여 여생을 마쳤다.[22]

속리산에 은거하면서 이곳에 자리를 잡아 견훤산성에 묘지를 조성한 것으로 보인다. 그 후 이곳은 묘 터가 좋아서 모 씨가 암매장을 하였는데 경찰서장 꿈에 현몽하여 스스로 암매장된 사실을 알려서 자기 묘를 지켰다는 일화도 전해 온다.

김목경의 묘는 견훤산성 내 동북쪽 성 안에 있다. 이 암각서는 화북면 장암리 산42번지(N 36°34'29.5", E 127°53'56.8")에 위치하며, 묘지를 알리는 표시문이다. 우측 하단부에는 종서로 '○○四二八七年五月十三日 大○

21 조적의 난을 1339년(충숙왕 복위 8년) 진압하여 금녕군으로 봉해진 것으로 보아 12세기 중반의 인물이다.

22 상주시, 2010, 『상주시사』 제5권 인물, 대한인쇄, 제5장 시대인물(고려시대), 220쪽(曺頔과 金寧君은 보완하였다)

(○○사이팔칠년오월십삼일 대○)'이란 기록이 있는데, 이는 단기 4287년으로, 1954년에 새긴 것으로 보인다.

전경

北便有三重大匡金寧君 金海金公諱牧卿之墓(북편유삼중대광금녕군 김해김공휘목경지묘)

2. 광주이씨 묘비(廣州李氏 墓碑)

만산동 산64-6번지(N 36°25'50.3", E 128°8'47.9")로서 반남박씨 묘역이 조성된 정상부 방향 상부에 위치하며, 이곳은 연화부수형(蓮花浮水形)의 명당으로 전해지는 곳이다. 비스듬한 바위의 평탄면에 '廣州李氏墓(광주이씨묘)'라고 새겼다. 이 바위는 '남근석(男根石)'으로 알려져 있으며, 묘의 주인은 누구인지 알 수 없다. 남근석의 전설을 보면 이 바위와 마주하는 낙상동에는 '여근석'이 있는데 '여근석'은 '불바위'로 불렸다. 남근석과 여근석이 마주하고 있는 형상으로 여근석이 있는 낙상동 방향의 여자들이 자주 바람났다고 한다. 이에 바람기를 없애기 위해서 여근석 쪽 사람들이 남근석을 깨부수고 그 앞을 바위로 막아 남근석과 여근석이 서로 마주하지 못하게 만들었다고 한다. 지금도 남근석에는 깨진 흔적과 앞쪽에 막혀 있는 바위의 모습을 볼 수 있다. 그러나 실상은 남근석 우측의 일부가 떨어져 앞을 가로막은 형상으로, 바위의 형상에 의해 이러한 전설이 만들어진 것으로 생각된다.

전경

廣州李氏墓(광주이씨묘)

3. 유병덕 묘비(劉秉德 墓碑)

병성동 산21-1번지(N 36°25'27.4", E 128°13'16.5") 병풍산 정상부의 병풍산성 성벽 위 서남쪽 치(雉)에 위치한다. 묘역 안에 있는 자연 암반을 호패형으로 다듬어 바탕을 만들고 우측에는 '通政大夫江陵劉公諱秉德之墓(통정대부강릉유공휘병덕지묘)'를, 좌측에는 '配淑夫人平山申氏之墓(배숙부인평산신씨지묘)'라 새기고 그 아래에는 '府右巽坐(부우손좌)'를 새겼다.

그 옆에는 묘지를 조성하였는데 자연석을 활용한 묘비를 조성한 것이 특이하다. 묘지의 주인 유병덕의 연보는 확인되지 않는다.

전경

通政大大江陵劉公諱秉德之墓(통정대부강릉유공휘병덕지묘)

제5절 정자명(亭子名)

1. 반구정, 관란대(伴鷗亭, 觀瀾臺)

낙동면 분황리에서 중동면 죽암리로 낙동강을 건너는 강창교 하류 방향 직선거리 약 670m 지점의 서안(西岸)으로 낙동면 분황리 산4번지(N 36°24'31.5", E 128°14'50.2")에 위치한다. 낙동강과 산자락이 마주치는 곳에 상하 2단으로 형성된 바위의 상단부에 새겼다. 상부에는 '伴鷗亭(반구정)', 하부에는 '觀瀾臺(관란대)'를 새겼다.

'반구정은 낙동강 옆(洛濱낙빈)에 진사 문익명(文益明)이 세웠고, 지금은

전경

직장(直長) 조휘(趙徽)에게 속해 있으며, 관란정(觀瀾亭)은 참봉 하만계(河萬溪)가 세웠다.'[23]라는 기록이 상산지에 있다. 반구정은 임진왜란 당시의 상황이 기록된 검간 조정의 일기에도 나타난다.[24] 이러한 기록을 보면 1592년 이전부터 반구정이 있었다고 하겠다.

상주목사로 있었던 조찬한[25]은 낙동강 변에 있는 용암, 옥주봉, 반구정, 합강정을 유람하면서 반구정에 대한 칠언율시를 지었는데 다음과 같다.

伴鷗亭(반구정)

回舟催下洛東流(회주최하락동류)
뱃길 돌려 재촉해 낙동강을 내려
爲賞名亭且少留(위상명정차소류)
좋은 경치로 이름난 정자에 또 잠시 머무네.
鷗外白沙明十里(구외백사명십리)
백구 노는 흰 모래벌판 십리에 밝고
鶴邊丹壁老千秋(학변단벽로천추)
학이 나는 붉은 절벽 천추토록 해묵었네.
天將水石開仙境(천장수석개선경)
하늘이 물과 돌로 신선이 사는 곳을 마련해
人傍煙霞作別區(인방연하작별구)
사람 사는 안개와 노을 속에 별세계를 지었네.

23 『상산지』 무진본, 1928

24 조정 임진란 기록(보물 제1003호), 1592년 5월 18일, '어제 왜선 28척이 반구정 앞에 와서 정박하고 있는 것을 보았다'

25 趙纘韓(1572~1631) 호는 玄洲, 상주목사 재임기간은 1621~1623

斜日靑山化寂寂(사일청산화적적)

해질녘 청산은 꽃조차 고요한데

一聲長笛不勝愁(일성장적불승수)

한 가락 긴 피리소리 수심을 자아내네.

伴鷗亭(반구정)

觀瀾臺(관란대)

2. 수석정(水石亭)

노음산 남동쪽 자락과 북천이 맞닿는 연원동 산140번지(N 36°25'1.6", E 127°8'6.8") 암벽 위에 암각서를 새겼다. 원래는 홍암 서원 남쪽에 규천(虯川) 전극항(全克恒, 1591~1637)이 세운 수석정이 있었으나 지금은 없다. 규천은 예문관검열정을 역임하고 병자호란 때 예조정랑으로 인조를 호종(護從)하던 중 전사하였으며, 도승지에 추증되고 1778년 정려되었다.

수석정기(水石亭記)는 동허재(洞虛齋) 성헌징(成獻徵, 1654~1676)이 12세에 썼으며, 여지신편(輿地新編)에 실려 있다.[26] 암각서는 가로 100㎝, 세로 40㎝로 바위를 장방형으로 연마하고 그 안에 '水石亭(수석정)' 3자를 글자 폭 25~29㎝, 높이 29~30㎝로 새겼다. 수석정기의 내용은 다음과 같다.

水石亭記 乙巳

水石亭者虯川所作之亭也丙子之後亭宇灰燼墻
壁頹崩遺墟獨存而特爲騷人訪古遊賞之地則人
雖異於前後而風光不變於今古也依依仙跡宛然
如昨豈可以無亭榭之觀負名區哉余屢芒鞋曳竹
杖拂簑衣而至或倚石而立或臨水而釣或解衣而
坐或無枕而卧日日往來而不覺其勞徘徊游泳於
其間者已有年矣以山而言則南嶂北嶽後峯前峙
或奔而東或馳而西透迤突兀岡巒屛圍崖壁如削
環拱回抱若大鵬垂翼青鶴歛翔也以水而言則一
帶淸波自西而東或奔而激或淺而濙或廣而狹靈
蛟作窟魚鼈安宅淸風乍起錦浪成紋縷縷縈紆屈
曲橫流恍若銀虹下垂玉龍掉逝也氣象千萬變態
無窮山光水色盡而難成則滿眼奇健如致身於天
台之頂西湖之上也白霞青煙乍濃乍淡異獸珍禽
時鳴時飛縱横交雜於樹林之間者不記其數也每
夕陽入山明月漸高與家童數人持竿列炬緣溪而
行千壑夜靜萬籟俱歇玉輪昭昭銀河耿耿洞谷如
照鏡面如掃氛累四散浩氣和暢數聲漁笛萬慮都
消此眞商山一邑之勝境也雖古之名區豈有愈於
此乎然而切有所感焉物之遇人數也人之遇物亦
數耶斯山水也始見曩日詩仙之管領撫愛而今又
入於玩弄之間余特童觀也只愛溪山之麗秀巖石
之巑巆而已非能眞知物外之濱趣繼詩仙爲主人
而管領撫愛者也使別區勝槩棄於寂寞之邊風月
無主雲煙空老豈不惜哉余不勝慨然而爲之記

石亭詩 輿地新編 俱載

수석정기(水石亭記, 동허재문집)

26 '숭정(崇禎) 후 갑오년(甲午年, 1654년 효종 5년) 2월 16일 상주(尙州)의 흥암리(興巖里)에서 태어났다', 권상하(權尙夏)가 지은 행장(行狀), 국조인물고 속고6 음사(蔭仕)

「수석정은 규천(全克恒)이 지은 정자다. 1936년(丙子) 뒤에 정자가 불타 없어지고 담장과 벽이 모두 허물어져 버리고 옛터만 남아 있어 시인과 문사(騷人)들이 방고유상(放古遊賞)하는 곳이 되었다. 사람들은 비록 전후가 다르나 풍광은 예나 지금이나 변함이 없다. 아쉬운 선현의 자취가 완연히 옛날과 같으니 어찌 정자의 훌륭한 광경을 이름 없이 버려 둘 것인가.

미투리(芒鞋)에 대지팡이(竹杖)를 끌고 도롱이(蓑衣)를 두르고 올라가 때로는 돌에 의지해 서기도 하고 혹은 냇가에 가서 낚시질도 하고 또는 옷을 벗고 앉기도 하며 어떤 때는 베개 없이 눕기도 하니 날마다 왕래하여도 피곤한 줄 모르고 그곳을 배회하고 유영하기 이미 여러 해였다.

산을 보면 남쪽의 가파른 산과 북악(北嶽)이 뒤에는 험준하며, 앞에는 우뚝 솟고 혹 동으로 뻗고 또 서로 달려서 이어졌다가 높아져 산등성이가 병풍처럼 둘러지고 절벽이 깍은 듯이 솟기도 하며, 환공회포(環拱回抱)가 마치 대붕(大鵬)이 날개를 드리운 것 같고 청학이 날개를 거두어들인 것 같기도 하다. 물을 보면 한 줄기 청파가 서에서 동으로 흐르는데 푸르고 맑으며 혹 얕기도 하고 또 깊은 곳도 있으며, 혹 넓기도 하고 또 좁기도 하며, 거북이와 교룡의 굴을 짓기도 하고 고기와 자라의 편한 집이 되기도 한다. 청풍이 잠깐 일면 비단 물결이 무늬를 이루고 빙빙 둘러싸서 굴곡을 지어 넓게 흐르니 그 황홀함이 마치 은빛 무지개가 무늬를 이루고 옥룡이지나 가는 것 같다.

천만가지 형상이 끝없이 변화하고 산빛과 물빛이 그림으로도 형용하기 어려우니 그 기건(寄健)함이 마치 내가 천태산의 정상이나 서호의 수상에 와 있는 것 같다. 백무와 청연이 잠깐 짙었다가 또 맑게 개이고 기이한 짐승과 진귀한 새들이 때로는 울고 또는 날기도 하여 수림 사이에 종횡으로 교잡하는 것이 그 수를 헤아리지 못한다. 매번 석양이 산을 넘고 달이 떠오르면 두서넛의 사내종과 더불어 장대에 횃불을 달아 들고 도랑을 따라 내려가면 천봉에 밤이 고요하고 만뢰(萬慮)는 모두 잠들었는데 옥륜만 소소(昭昭)하고 은하는 경경(耿耿)하니 동속(洞俗)은 거울을 비추인 듯 밝고 기누(氣累)는 쓸어버린 듯 맑아서 사방의 활기가 화창한데 두어 곡의 어적(漁笛)이 들려오니 온갖 생각(萬慮)이 모두 사라진다. 이곳이 정녕 상산일읍에 승경(勝境)이 아닌가. 비록 옛적에 이름 있는 곳이라 한들 어찌 예보다 더 나을까. 그러나 이를 보는 동안 간절한 느낌이 있다.

물건이 사람을 만나는 것은 운수이고 사람이 물건을 만나는 것도 또한 운수이다. 이 산수를 처음 볼 때 지난날에는 시선을 계승하여 주인이 되어 다스리고(管領) 어루만지며 사랑하였고(撫愛), 지금은 사람들이 노는 곳(玩弄)으로 되었으니 내가 특히 관상하면서 다만 계산의 수려와 암석의 기괴함을 사랑할 따름이오. 능히 속세의 밖(物外)의 심취로 시선을 계승하여 주인이 되어 다스리고 어루만지며 사랑하기를 알지 못한다. 그리하여 이 별구승개(別區勝槩)로 하여금 적막함 속에 버려두니 풍월(風月)은 주인이 없고 운연(雲煙)은 공연히 늙는다. 이 어찌 아깝지 아니한가. 내 개연(慨然)함을 이기지 못해 이를 써 기(記)로 한다.」

전경

水石亭(수석정)

수석정기에는 을사년(乙巳年)에 지은 것[27]으로 표기되어 있는 것으로 보아 을사년은 1665년(현종 6)이고 동허재가 12세 되는 해이다. 따라서

27 동허재 문집 자료

수석정은 이때 이미 세워져 있었고, 이 암각서는 그 이후에 새겨진 것으로 볼 수 있겠다.

제6절 폭포명(瀑布名)

1. 옥량폭포(玉梁瀑布)

화북면 일대에는 장각폭포, 오송폭포 등 크고 작은 폭포들이 많이 있다. 이 폭포는 높이가 15m에 이르고, 폭포 위에는 자연적으로 만들어진 돌다리(玉樑)가 있다. 상주와 괴산의 경계지점인 화북면 입석리 산29-1번지(N 36°37'39.1", E 127°53'12.5") 속리산국립공원 구역 내에 있다.

폭포에는 폭포 이름을 새겨 놓았는데 바위 면을 장방형으로 2개를 다듬어 우측에는 '玉樑瀑布(옥량폭포)'라 새기고, 좌측에 '金秉黙(김병묵), 金驪植(김원식), 宋晟澤(송성택), 被茂元(피무원)' 등 4명의 이름을 새겼다. '玉樑瀑布'를 새긴 밑에는 상하 각 9개의 둥근 파임이 있다. 이 파임 안에도 글자를 새겼는데 고의적인 훼손한 흔적으로 보인다.

전경

玉梁瀑布(옥량폭포)

제7절 유상처(遊賞處)

1. 봉황대(鳳凰臺)

이안천(利安川)과 문경에서 흘러나오는 영강(潁江)이 합류하고, 알운(戛雲), 비봉(飛鳳), 덕봉(德鳳)의 세 산이 앞에 솟아 있는 절경에 있어 이백(李白)의 이수삼산(二水三山) 시를 연상하여 봉황정 정자의 이름으로 삼았다고 한다. 그곳에 높은 절벽이 있는데, 이 꼭대기에 봉황정이 위치한다. 정자에서 영강 쪽 절벽에 난간을 설치하여 강물과 산수의 경치를 조망할 수 있게 되어 있다.

수십 년 전, 필자가 어릴 때까지 봉황대 절벽 밑에는 매년 홍수 때마다 이안천에서 몰아치는 급물살 때문에 깊은 웅덩이(沼)가 만들어져 옆으로 다니면 여름에도 소름이 돋을 정도로 찬바람이 일던 곳이다. 이러한 경치는 현대식 포장도로와 금곡교가 만들어지면서 매몰되고 낙동강 연안 개발 사업이 진행되면서 사라졌다.

암각서의 위치는 함창읍 금곡리 산69-1번지(N 36°32'3", E 128°12'49.8")이다.

현재는 정자와 절벽에 새긴 봉황대 시만 옛 정취를 느끼게 한다. 절벽에는 긍산의 시가 2곳에 새겨져 있다.

봉황정 바로 아래 암면에 현감 민영열 송덕비 우측에 새겨진 시의 내용은 다음과 같다.

詩(시)

臺荒石古壁苔生(대황석고벽태생)

대는 황폐하여 오래된 돌 벽엔 이끼가 자라고

遺恨前朝三義士(유한전조삼의사)

전조(이전 왕조) 세 의사의 한만 남았구나.

鳳不知還曠感生(봉불지환광감생)

봉황은 돌아올 줄 모르고 감회만 생기는데

高風百世兩先生(고풍백세량선생)

백세토록 풍도 높은 두 선생이여.

霜鱗活潑無心躍(상린활발무심약)

살찐 고기 활발하게 무심히 뛰어오르는데

剩水佳山看未洽(잉수가산간미흡)

넘치는 물 아름다운 산 보아도 흡족하지 않네.

雪鳥翩底意生(설조편선저의생)

눈 맞은 새는 날갯짓하며 낮게 날고자 하고

夕陽踈樹暮雲生(석양소수모운생)

석양에 성긴 나무에서 저녁 구름 생겨난다.

肯汕 題(긍산 제)

檀祖紀元四千二百八十年寒露節(단조 기원 4280년 한로절)

전경

詩
臺荒石古辟谷生遺根前朝三義士
風不知還曠感生高風百世兩先生
霜鱗活潑無心躍剩水佳山看未洽
雪鳥翩翻底意生夕陽疎樹暮雲生
肯山題
檀祖紀元四千二百八十年寒露節

詩(시)

다른 하나의 시는 우측으로 약 10m에 별도의 암봉이 형성된 바위 면에 새겨져 있는데, '봉황대'라는 시다. 상부에 크게 '鳳凰臺(봉황대)', 그 좌측에 '肯汕 安浩性(긍산 안호성)', 그 아래에 시를 새겼다.

鳳凰臺(봉황대)

肯汕 安浩性(긍산 안호성)

千年鳳去一空臺(천년봉거일공대)

천년의 봉황은 가고 대만 홀로 비었는데

依舊江山客上臺(의구강산객상대)

강산은 의구하여 나그네 대에 오른다.

莫道金陵專勝地(막도금릉전승지)

금릉[28]이 명승을 독차지했다고 말하지 말라.

昌州亦有鳳凰臺(창주역유봉황대)

창주에도 또한 봉황대가 있단다.

肯汕 題(긍산 제)

두 곳 중 시(詩)에는 긍산(肯汕)이 1947년에 썼다는 음기(陰記)가 있으나 봉황대에는 음기가 없다. 모두 긍산이 쓴 것이고, 긍산은 안호성의 호이다.

28 중국 난징(남경), 당나라 때 금릉(金陵)으로 불렸다.

鳳凰臺(봉황대)

2. 검간 유허비(黔澗 遺墟碑)

낙동면 승곡리 갑장사 동쪽 승장폭포 밑에는 옥류정(玉流亭)이 있다. 이 정자는 검간 조정(1552~1636)이 어릴 때 이곳에서 독서를 한 것을 기념하여 1620년경에 세운 것이다.

정자와 승장폭포 사이 산기슭에 절벽이 있는데 장방형으로 자연 암벽을 다듬어 종서로 좌측으로 치우치게 '黔澗先生杖屨之所(검간선생장구지소)'라 새겼다. 위치는 낙동면 승곡리 산16-1번지(N 36°21'52.3", E 128°12' 29.1")이다.

우측에는 다른 글을 새기려고 하였으나 새기지 않은 것으로 보인다.

전경

黔澗先生杖屨之所(검간선생장구지소)

3. 월간, 창석 유허비(月澗, 蒼石 遺墟碑)

청리면 청하 2리와 청하 3리 사이 한속마을로 분기되는 지점의 한속교 맞은편 도로 옆인 청하리 산31번지(N 36°19'44", E 128°8'14.8")에 위치한다.

산자락에 도로 방향으로 돌출된 자연석에 청하 3리 방향으로 한 면을 다듬어 '月間蒼石兩先生遺墟 自此至蒼石臺(월간창석양선생유허 자차지창석대)'라고 종 방향으로 새겼다.

이는 월간[29], 창석[30] 두 선생의 유허지로 이곳이 창석대라고 한다. 청하리 395-1번지에는 신잠 목사가 세운 수선서당이 있는데 수선서당의 창석이 기(記)를 썼다. 따라서 이 비를 세운 곳에서 수선서당이 있는 곳까지 직선거리 약 520m 내외가 두 선생의 유허지로 생각된다.

이 암각서는 도로공사로 인해 산자락 끝단부가 절단되고 도로 옆에 낙하물 방지망이 설치되어 있어 발견이 쉽지 않고, 도로 방향으로 바위 상단부가 약 7° 정도 기울어져 있다. 이는 하단부에 도로가 개설되면서 기울어진 것이라 한다.

29 이전(李坱), 1558년(명종 13)~1648년(인조 26), 본관 흥양(興陽), 자는 숙재(叔載), 호는 월간(月礀). 이준(李埈)의 형, 옥성서원 제향

30 이준(李埈), 본관 흥양(興陽), 자 숙평(叔平), 호 창석(蒼石), 옥성서원, 우곡서원, 도남서원 제향, 시호 문간(文簡)

전경

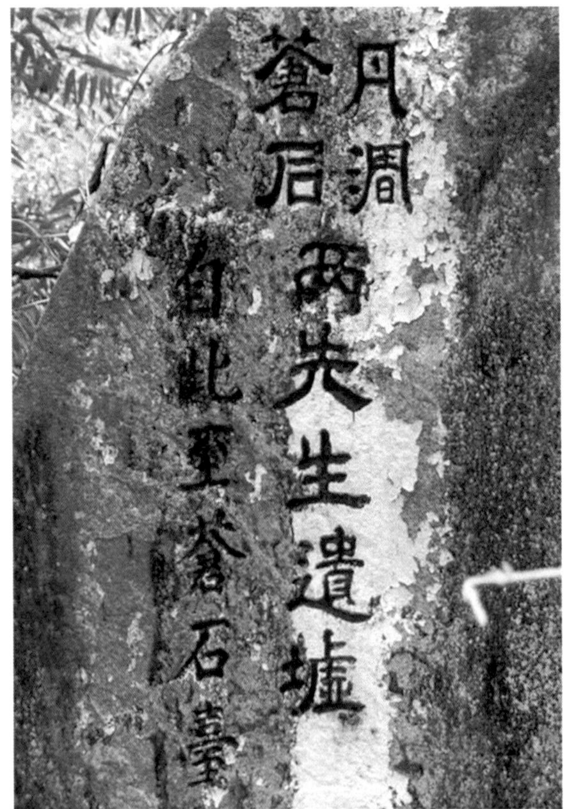

月間蒼石兩先生遺墟 自此至蒼石臺(월간창석양선생유허 자차지창석대)

4. 천운대(天雲臺)

청리면 가천리 산35-2번지(N 36°19'25.9", E 128°6'14.6")에 위치한다. 체화당[31] 우측에서 서산 정상 방향으로 계곡길을 따라 약 370m를 올라가다가 좌측의 계곡을 건너 다락 밭과 산자락이 접하는 돌출된 바위 면에 3자를 종서(縱書)로 새겼다.

천운대(天雲臺)의 유래는 주자(朱子)가 책을 읽고 느낀 것을 시(詩)로 표현한 아래의 관서유감(觀書有感)에서 찾을 수 있다.

半畝方塘一鑑開(반무방당일감개)
조그마한 연못은 거울 같아서
天光雲影共徘徊(천광운영공배회)
하늘빛과 구름이 함께 노닌다.
問渠那得淸如許(문거나득청여허)
문건대 어찌하여 그리 맑은가
爲有原頭活水來(위유원두활수래)
이는 끝없이 샘물이 솟아 그렇더란다.
昨夜江邊春水生(작야강변춘수생)
어젯밤 강변에 봄비 내려서
艨艟巨艦一毛輕(몽동거함일모경)
크나큰 전함도 깃털 같아라.
向來枉費推移力(향래왕비추이력)
애써서 밀어도 소용없더니

31 청리면 가천리 650번지 경상북도 문화재 자료 178-1호

今日流中自在行(금일류중자재행)

오늘은 물길에 저절로 가네.

이 시(詩) 내용 중에서 '천광운영공배회(天光雲影共徘徊)'에서 '천운대(天雲臺)'를 취한 것으로 보인다.

유사한 사례로는 퇴계 이황의 도산 12곡의 '천운대(天雲臺)'도 이 시구(詩句)에서 취한 것이며, 상주시 외답동에 소재 식산정사(천운정사)의 주련(柱聯)도 관서유감의 시구로 만들어 달았다. 또한 당호 '천운당(天雲堂)'[32] 도 이 시에서 취하였다고 한다.

천운대의 주인공은 석당(石幢)이라 전한다.[33] 석당은 이형교(李衡敎, 1835~1908)로서 처음에는 동교(東敎)라 하였다가 후에 개명하였다. 월간(月澗)의 셋째 아들인 유계(酉溪)의 8세손이고, 규정(奎正)의 아들이며, 계당(溪堂) 류주목(柳疇睦)의 제자이다.

한편 상산지(1928) 정관조(亭觀條)에는 석당(石塘)이 소개되어 있는데 '주(州)의 남쪽 유천(酉川) 뒤편에 처사 이형교가 세우고 뒤에 주손(主孫) 이종린(李種麟)[34] 이 수축하였다. 산림(山林)과 천석(泉石)이 뛰어나며 온갖 동물이 생활하여(鳶飛魚躍)[35] 뛰어난 경치가 있는 곳이다.'라고 하였다.

---

32 경상북도 민속자료 제76호, 영조 때의 성리학자인 식산(息山) 이만부(李萬敷)가 1700년경에 건립한 정사(精舍)이다.

33 흥양인 월간 이전, 창석 이준의 후예 이태하 씨와 이동완 씨의 도움으로 '天雲臺' 각자의 위치를 찾을 수 있었다. 이태하 씨는 석당의 정자 터라고 말한다.

34 이종린(李種麟, 1877~1959), 흥양인, 월간 이전의 12대 후예이다.

35 연비어약 - 솔개가 날고 물고기가 뛴다는 뜻으로, 온갖 동물이 생을 즐김을 이르는 말. (국립국어원 표준어 대사전)

전경

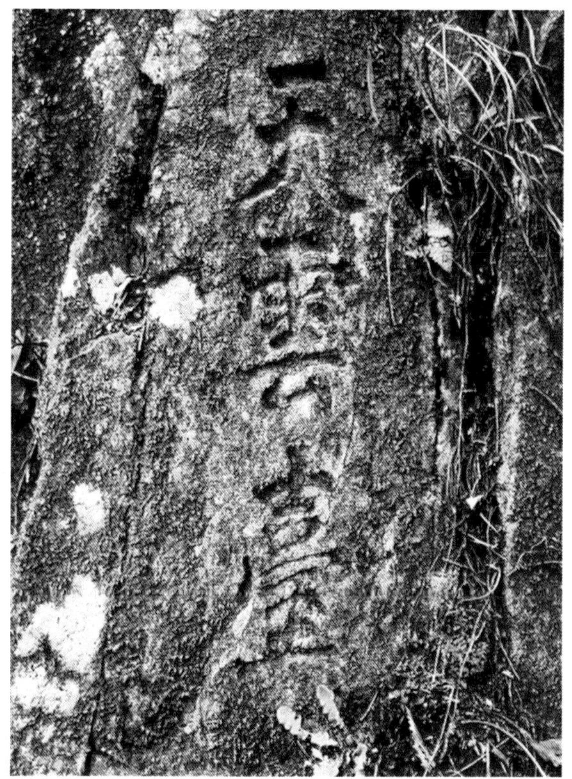
天雲臺(천운대)

5. 석천대(石川臺)

석천은 김각(金覺, 1536~1610)으로 1592년 임진왜란이 일어나자 상의군 대장으로 의병을 일으켰으며 1596년 용궁현감, 1604년 온성판관을 역임하고 뒤에 좌승지에 추증되었다. 연악서원에 배향되었으며 중동면 우물리 봉황성에 합강정(合江亭) 터를 잡고 아들 지덕(知德)이 세웠다고 한다.

석천대는 수양산 밑 송지리 송호마을 서쪽에 있는데 두 시내가 합류하고 천석이 그윽한 명승지라 하였다. 이곳에 석천이 묘옥(茆屋)을 짓고 유상(遊賞)하였으며, 아들 지복(知復)이 터를 다듬었다고 했다.

제석천대(題石川臺) 시(詩)의 시가 남아 있다.[36]

首陽山下石川臺(수양산하석천대)

수양산 밑 석천대는

慳秘幾年今始開(간비기년금시개)

간직한 비밀 몇 년 만에 이제야 열었는가!

兒童莫破蒼苔得(아동막파창태득)

아이들아 푸른 이끼 함부로 마라

恐有塵間俗客來(공유진간속객래)

티끌세상 속객 올까 그것이 두렵다

이 시는 갑술년간(甲戌年間)에 석천이 관동 10여인과 석천대에서 놀았는데 50년 후인 己巳年(기사년)에 당시를 회상한 월간(이전, 1558~1648), 창석(이준, 1560~1635), 남계(강응철, 1562~1635)가 차운시(次韻詩)를 남겼다.[37]

---

36 조희열, 2007,『상주지명총람』, 석천대

37 권태을, 2001,『상주한문학』, 상주문화원, 150~151쪽

따라서 연대를 추정해보면 갑술년은 1574년, 기사년은 1629년이고, 석천이 별세한 이후에 석천의 제석천대(題石川臺)에 차운(次韻)한 것을 보면 그때까지 석천대 흔적이 있었다고 하겠다. 위치를 보면 시(詩)의 내용에서 수양산 밑에 있다고 하였고, 지명(地名)에서는 송지리 송호마을 서쪽 두 시내가 합류하는 곳에 있다고 하였다.

그러나 현재 석천대가 각자된 암각서의 위치는 외남면 송지리 산33번지(N 36°21'48.3", E 128°4'30.1")이다. 바위에 가로 18㎝, 세로 6㎝, '石川臺(석천대)'를 새겼는데 크기가 작아 쉽게 발견할 수 없다. 위치 또한 이곳은 신촌리이고, 송호리는 송지리로 신촌리와 송호리는 직선거리로 1.6㎞가 떨어져 있고, 두 마을 사이에는 해발 178.6m의 산자락이 솟아 있어 별도의 계곡에 위치한다. 방향 또한 신촌리는 남쪽 방향에 해당된다.

전경(신촌)

石川臺(석천대, 탁본)

6. 반석(盤石)

청리면, 외남면, 공성면 경계에 있는 서산의 4부 능선인 외남면 구서리 산 32번지(N 36°19'48.3", E 128°5'21.4") 등산로 변에 있다. 윗면이 평탄하고 옆면이 둥근 탁상형 바위의 옆면을 평탄하게 가공하여 그 안에 왼쪽에서 오른쪽 방향으로 반석(盤石)이라 크게 새기고, 그 옆에 '신포손공명명(新圃孫公命名)'이라는 문구를 종 방향 2열로 작게 새겼다.

주인공인 신포손공(新圃孫公)은 경주인 야촌 손만웅의 장남 신포(新圃) 손경욱(孫景郁)[38]이라 전하는데 이곳은 자신이 공부하던 곳으로서 이름을 반석(盤石)이라 하였다고 한다.[39]

이 바위에 붙여 좌측 계곡 쪽으로 석축이 쌓여 있고 주변에 와편과 자기편이 흩어져 있는 것으로 보아 이곳에 건물이 있었던 것으로 보인다.

전경

38 손경욱(孫景郁), 1665(현종 6)~1710년(숙종 36). 조선 중기 유학자. 자는 장문(長文)이고, 호는 신포(新圃). 본관 경주(慶州), 출신지 상주(尙州). 조부 손신의(孫愼儀), 부친 통훈대부(通訓大夫) 손만웅(孫萬雄)

39 외남면지편찬위원회, 2016, 『외남면지』 제7장, 바위, 93쪽

盤石(반석)

7. 수회동(水回洞)

내서면 서만리 산 79번지(N 36°27'39.4", E 128°2'12.4")에 위치하며, 내서면 서만리와 외서면 우산리의 경계가 되는 곳이다. 우북산과 소머리산 사이 협곡에 이안천 상류를 형성하면서 많은 절경을 연출하였다. 특히 내서면 밤원에서 외서면 하우산까지 7리가 경관이 수려하여 1600년(선조 33년) 우복 정경세가 우북산 아래 자리를 잡았는데 그곳이 지금의 우복 종가이다.

지명과 호를 보면 산의 이름은 우북산(愚北山→于北山), 계곡 이름은 우곡(愚谷), 정경세의 호는 우복(愚伏)으로 우복이 이곳에 자리를 잡은 이후 명명된 지명이 아닌가 생각된다.

우복은 이곳에서 칠리강산의 20개 절경을 우곡잡영이십절(愚谷雜詠二十絶)이란 시로 표현하였다.

우곡 20경을 보면 '전 10경'은 서실(書室), 회원대(懷遠臺), 오봉당(五峯塘), 오로대(五老臺), 상봉대(翔鳳臺), 오주석(鰲柱石), 우화암(羽化巖), 어풍대(御風臺), 만송주(萬松洲), 산영담(山影潭)이며,

'후 10경'은 계정(溪亭), 수륜석(垂綸石), 선암(船巖), 화서(花溆), 운금석(雲錦石), 쌍벽단(雙壁壇), 청산촌(青山村), 화도암(畵圖巖), 공선봉(拱仙峯), 수회동(水回洞)이다.

대상은 자연물과 인공물이 섞여 있으며, 서실과 계정은 우복이 만든 인공물이다. 전의 10경은 '모두 앉거나 누워서 바라보며 아침저녁으로 즐길 만한 곳'이라 했고, 후의 10경은 '시내를 따라 거슬러 올라가 볼 수 있는 곳'이라 했다. 이들 지형에 모두 이름을 붙이고 시를 한 수씩 지었다. 수회동은 후 10경의 마지막으로 우복 종가에서 이안천 가장 상류의 절경이다.

전경

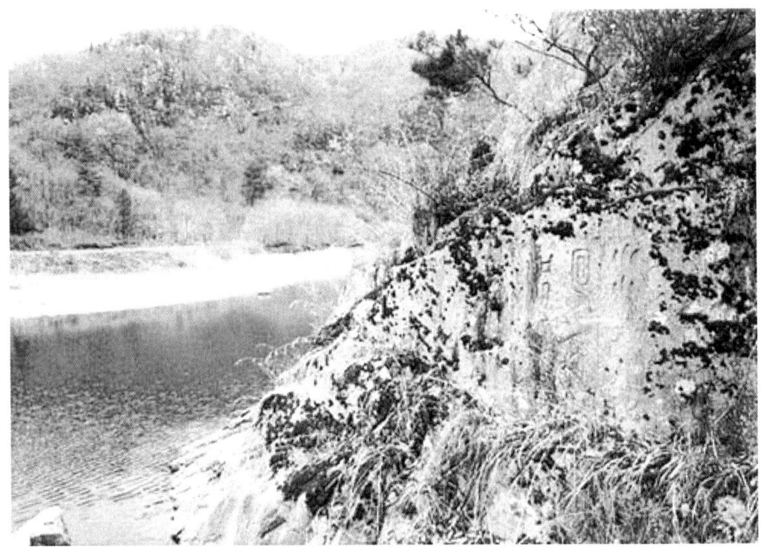

水回洞(수회동)

8. 세심석(洗心石)

백옥정에서 재공골 서쪽으로 약 300m 정도 떨어진 구수천 옆 수봉리 산72-1번지(N 36°17'26.9", E 127°56'12.3")에 있다. 크기는 둘레 20m, 높이 5m 정도인데 그 위에는 10여 명이 앉을 만하다. 백화재(白華齋) 황익재(黃翼再)와 같이 1716년(숙종 42) 유상했던 밀암(密庵) 이재(李栽)가 '세심석'이라 이름을 지었다고 한다. 그 후 백화재의 후손인 황호선(黃浩善), 황원선(黃源善)[40] 형제가 동쪽 면에 '세심석(洗心石)'이라고 세 글자를 새겼다. 황호선은 효성이 지극하여 제사를 지낼 때는 심신을 정결히 하고 마음가짐을 엄숙히 하였다고 한다. 다음과 같은 일화가 전해진다.

「어느 제삿날 기르던 개가 새끼를 네 마리 낳자 그는 정결치 못함을 염려하여 혀를 끌끌 찼다. 그랬더니 어미 개가 새끼를 한 마리씩 물고 대문 밖으로 피하였다가 제사가 끝난 이튿날 아침에 다시 물고 집으로 돌아왔다.」

한편 세심석에는 우평(雨坪) 황인노(黃麟老)[41]의 세심석 시(詩)가 다음과 같이 전한다.

洗心石(세심석)

頎然一石石中君(기연일석석중군)

품위 있는 한돌 돌 가운데 왕이니

---

40 황원선(1798~1873)은 방촌(尨村) 황희(黃喜)이 후예로 황익재의 5세 손

41 황인노(黃麟老, 1785~1830) 호(號)는 우평(雨坪), 입재(立齋)의 문인(門人)이다. 문장(文章)이 고고(高古)하고 식해(識解) 엄박(淹博)하였으며, 유집(遺集)이 있다.(상주시사 자료)

雨洗苔心淨絶紛(우세태심정절분)

비로 이끼 낀 중심 씻어 깨끗이 世紛 끊었다.

爲德眞堪隱士友(위덕진감은사우)

덕을 위해 참된 숨은 사우 맡았고

其名盖取繫辭文(기명개취번사문)

그 이름 대개 주역의 繫辭에서 취했다.

中高拔地三三丈(중고발지삼삼장)

가운데가 높아 땅에서 九丈을 빼어 냈고

上廣容人十十群(상광용인십십군)

위가 넓어 이십군의 사람 용납한다.

千古江濆藏得密(천고강분장득밀)

천고의 강 물결에 精密을 얻어 갈무렸으니

不妨林翳晝還曛(불방림예주환훈)

숲에 숨는 것 방해 않아 낮에도 도리어 어둑하네.

전경

洗心石(세심석)

9. 용유리 암각서군

화북면 용유리 38-1번지(N 36°34'22", E 127°55'56")에 암각서는 '大隱屛(대은병)', '崇禎周甲後戊子春(숭정주갑후무자춘)', '宴坐巖(연좌암)', '靈芝山(영지산)', '千命碩(천명석)', '金尙默, 檀紀 四千二百八十年丁亥二月日(김상묵, 단기 사천이백팔십년정해이월일)', '二友(이우)'로 모두 4곳에 분포해 있다.

연좌암 전경

천명석(千命碩) 김상묵(金尙默)의 이름이 각자된 시기는 단기 4280년(1947년)의 음기가 있어 시기가 확실하다. 나머지 대은병(大隱屛), 연좌암(宴坐巖), 영지산(靈芝山)은 1708년(崇禎周甲後戊子春)에 각자 했는지 검토해 볼 필요성이 있다.

이 암각서 각자된 시기를 유추해 볼 수 있는 자료는 병천정사(甁泉精舍, 일명 늑천정)에서 찾아볼 수 있다. 이 정사는 문경시 농암면 내서리 687번지에 있다. 정사의 주인공은 송준길(宋浚吉)의 후손인 송요좌(宋堯佐)와 송문흠(宋文欽)이다.

송문흠[42]이 지은 '병천기략(甁泉記略)'에 연좌암(宴坐巖) 명칭이 나타난다. 그 내용을 보면 다음과 같다.

「도장산의 암벽이 험준한데 정자 앞을 정면으로 마주하고 서 있어 이를 대하노라면 그윽하다. 서쪽으로 속리산의 여러 봉우리가 구름과 노을 속에 보이는데 마치 눈이나 서리가 내린 것처럼 찬란하다. 정자를 감싸고 있는 것은 모두 노송인데 푸르고 울창하다. 뜰에서 개울물이 밤낮으로 치달리는 소리가 들린다. 정자 오른편에서 개울을 따라 거슬러 올라 수백 보쯤 가면 큰 바위가 두 개울이 만나는 곳에 서 있는데 조기(釣磯)라고 한다. 개울이 남쪽에서 온 것은 남간(南)으로 속리산에서 발원하고, 북쪽에서 오는 것이 북간(北)인데 청화산에서 발원한다. 북간을 거슬러 올라가면 그윽한 골짜기가 나오는데 귀운동(歸雲洞)이다. 귀운동 안에 기둥 열을 세운 집이 있는데 청은당(淸隱堂)이다. 남간을 거슬러 올라가면 연좌암(宴坐巖) 아래 이르게 되는데 초당을 남간정사(南澗精舍)라 하였다.」

연좌암(宴坐巖), 대은병(大隱屛), 영지산(靈芝山) 3개의 각자 중 송문흠의 '병천기략'에 연좌암만 나타나고 대은병과 영지산 명칭이 안 나타나는 것으로 볼 때, '숭정주갑후무자춘(崇禎周甲後戊子春)' 각자는 1708년 봄으로 연좌암의 음기(陰記)인 것으로 보인다. 따라서 대은병과 영지산은 송문흠의 '병천기략'을 지은 이후에 각자 되었음을 알 수 있겠다.

42 송문흠(宋文欽), 1710년(숙종 36)~1752년(영조 28), 조선 후기의 문신, 본관은 은진(恩津), 자는 사행(士行), 호는 한정당(閒靜堂). 문정공(文貞公) 동춘당(同春堂) 송준길(宋浚吉) 4세손이다.

大隱屛(대은병)

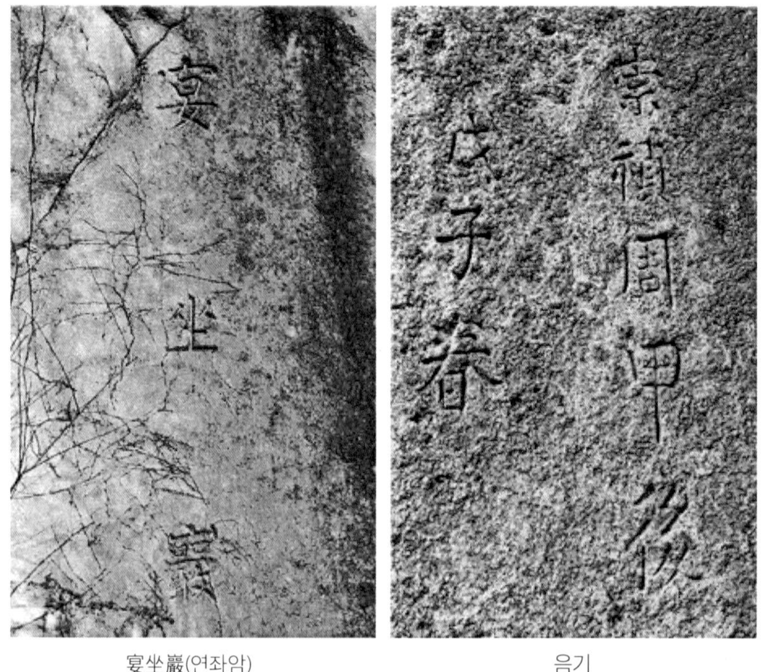

宴坐巖(연좌암)

음기

靈芝山(영지산)

음기 (1)

음기 (2)

10. 어풍대(御風臺)

어풍대는 우복 정경세(1563~1633)가 우북산 밑에 자리를 잡으면서 우산동천(愚山洞天)이란 이름이 만들어졌다.

어풍대에는 절벽에 3열의 암각서가 있는데 중간에는 전서체로 '御風臺(어풍대)', 해체서로 좌측에는 '自此臺上 至水回洞(자차대상 지수회동)', 우측에는 '文莊公愚伏 鄭先生別業(문장공우복 정선생별업)'으로 총 21자를 새겼다. 어풍대는 우산천변 20개 경치를 읊은 '우곡잡영이십절(愚谷雜詠二十節)' 중 하나이다. 위치는 외서면 우산리 산35-23번지(N 36°28'38.9", E 128°3' 56.3")이다.

어풍대 전경

御風臺(어풍대)

自此臺上 至水回洞(자차대상 지수회동)

文莊公愚伏 鄭先生別業(문장공우복 정선생별업)

11. 용두암(龍頭巖)

이안면 소암리 453, 454-1번지(N 36°33'4", E 128°9'27.7")에 위치하며, 산정(山頂)에서 아래 경작지 방향으로 산자락과 경작지가 접하는 곳에 솟아오른 가로 6m, 세로 3~4m 정도의 수직형 화성암 바위이다. 그 옆으로는 이와 같은 바위가 산자락을 따라 조성된 묘지 아래까지 연결되어 있다. 이 바위는 청용 끝이라고도 하며, 장수 발자국이라고 하는 홈이 바위에 새겨져 있다.

이곳 주민은 수직 바위 면에는 문(門), 칠성(七星) 문양과 한자가 새겨져 있었다고 한다.[43]

그러나 1998년 8월 12일 집중호우가 내리면서 수해가 발생된 후 응급복구를 할 때 이 부분에 둑을 쌓아 현재는 매몰되었기 때문에 문양과 글씨를 확인할 수 없다. 이 바위 옆 동쪽 바위 면에는 소암(素巖)과 자소재(自小齋)를 새겼다.

소암은 마을 이름인데 동쪽으로 평야지 중간에 황소 뿔 모양의 가차산(加次山) 동쪽 머리에 큰 바위가 있어서 소암(素巖)이라 하였다. 소암(素岩)을 일제 강점기 때 행정구역을 개편하면서 소암(小岩)이라 했는데, 이는 채기중(蔡基中) 의사(義士)의 광복단 의거로 마을에 항일투사가 적게 나오는 뜻으로 지었다고 한다.[44]

자소재(自小齋)는 채석문(蔡錫文, 숙종 조)으로 보이는데 채석문의 호가 자소재(自素齋)이다. 자소재(自素齋)는 인천채씨 채지윤(蔡之玧, 1611~1693)의 아들이며, 1633년(숙종 9)에 무과에 등재하여 어모장군 훈련원 봉사와 판

---

43 이안면 소암 2리 이장 박호식

44 조희열, 2007, 『상주지명총람』, 이안면 편

관 선전관 등을 역임하였다. 타고난 자질이 영특하며, 지용(智勇)이 남다르고 청렴하여 효우(孝友)가 두터웠다고 한다.[45]

전경

45 상주시, 2010,『상주시사』제5권 인물, 대한인쇄, 315쪽

素巖(소암)

自小齋(자소재)

12. 난재 유허비(懶齋 遺墟碑)

이안면 이안리 438번지(N 36°32'36.3", E 128°9'11.4")에는 쾌재정(快裁亭)이 있다. 이 정자는 난재(懶齋) 채수(蔡壽)가 중종반정 후 후배들과 함께 조정에 벼슬하는 것을 부끄럽게 여겨 벼슬을 버리고 1514년(중종 9)에 쾌재정(快哉亭)을 짓고 은거하며 독서와 풍류로 여생을 보냈다.

쾌재정 서북쪽 이안천 방향 경사진 바위 면에 장방형으로 암반을 다듬고 그 안에 '懶齋蔡先生杖屨之所(난재채선생장구지소)'라 쓰고 그 좌측에 '庚子五月 日 嗣孫 永錫 後孫郡守義植刻(경자오월 일 사손 영석 후손군수의식각)'이라 새겼다. 새긴 사람은 군수의식(郡守義植)이라 하였는데, 상주군에는 6대 군수를 지낸 채의식(蔡宜植)이 있다.[46] 그러나 상주군수를 지낸 '채의식'의 '의'는 한자로 '宜'이고, 암각서에는 '義'로 적혀 있어 서로 한자가 다르다. 만약 동일인이라면 1960년 5월(庚子五月)에 비를 조성한 것이다.[47]

전경

46 채의식(1909.2.24~1978.12.18.음, 70世 沒), 字 人可, 號 東園, 문경시 산양면 현리 산15번지 族譜, 墓標 資料, 군수 재임기간 1952.1.31~1954.10.1(상주시청 인터넷홈페이지 자료)

47 인천채씨 문중에서는 '蔡宜植'이 맞으며, '義'는 오기라 한다.

懶齋蔡先生杖屨之所(난재채선생장구지소)

13. 일월암(日月巖)

동해사 북쪽 388.3m고지의 암석에 60×50㎝의 방형 구획을 하고 '日月岩(일월암)'이라 새기고 그 아래 지름 19㎝의 원 2개를 음각하였다. 그 위에 '高秀臺(고수대)', 그리고 좌측에는 아래의 글을 새겼고, 그 아래에는 단을 조성하고 '擎天臺(경천대)'라고 음각하였다. 위치는 서곡동 산31-1번지(N 36°24'27.2", E 128°11'43.4")이다.

「동해사사실기」에는 호옹공(壺翁公) 이경남이 경천대 일월암 앞에 분향단을 쌓고 매년 삼 황제(명나라의 태조, 신종, 의종)의 기제일이 되면 명수를 올리고 배향하였다고 한다.

일월암에 각자된 내용은 다음과 같다.

高秀臺(고수대)

日月岩(일월암)

三皇諱辰(삼황휘진)

太祖戊寅閏五月十日 孝陵(태조무인윤오월십일 효릉)[48]

神宗庚申七月二十一日 定陵(신종경신칠월이십일일 정릉)

毅宗甲申三月十九日 思陵(의종갑신삼월십구일 사릉)

萬世大明(만세대명)

一面高山(일면고산)

麟徑大義(인경대의)

48 동해사사실기에는 '明太祖高皇帝戊辰閏五月初十日(명태조고황제무진륭오월초십일)'로 기록됨

丁丑 家日吾行必(정축 가일오행필)

於斯寺名豈偶爾幽(어사사명기우이유)

抱神連知□壺翁魯連高(포신연지□호옹노연고)

擎天臺(경천대)

이경남은 월성인(月城人)으로서 이거명(李居明)을 시조(始祖)로 하는 매(邁)의 27세 손(孫)으로 임진왜란 때 창의하여 감사대(敢死隊)를 조직해 왜적을 토벌하였다. 임진왜란과 병자호란을 겪은 사람으로 임진왜란 때에는 이적(吏籍)에 들어 무고를 입었다.

정기룡 장군의 신임을 얻어 군중에서 봉사했고, 1593년 상주에 주둔했던 명나라의 부총병 오유충이 주둔하고 있을 때 관부문서 처리가 능숙하여 비단과 기물로 포상을 하고, 별부(別部)의 파총(把摠)[49] 벼슬을 맡겼다.

후에는 군공(軍功)으로 동지중추부사(同知中樞府使)에 올랐다. 병자호란 때에는 남한산성이 포위되자 아들 기원을 근왕병에 보내고 1637년 남한산성이 함락되자 두루마기를 입고 동해사로 들어가서 통분을 시(詩)로 달랬다고 한다. 이 암각서는 이때의 흔적들이다.

49 각 군영(軍營)의 종4품 무관

전경

日月岩(일월암)

三皇諱辰(삼황휘진)

麟徑大義(인경대의)

14. 추유암(鰍遊巖)

중국 복건성 건녕부 숭안현 무이산 안에 있는 아홉 굽이 계곡의 풍경을 주자(朱子)는 무이구곡가(武夷九曲歌)로 묘사한 바가 있다.

이에 영향을 받아 퇴계 이황(李滉)은 도산십이곡(陶山十二曲)을, 율곡 이이(李珥)는 고산구곡가(高山九曲歌)를 지어 성리학의 정통성을 잇는 표상이 되었다. 조선 선비들은 경승지 등에 구곡을 설정하고 구곡문화를 만들어왔다.

상주에도 여러 구곡문화가 성행하였다고 추정은 되나 현재 남아 있는 구곡 자료는 '연악구곡기(淵嶽九曲記)'만 전할 뿐이다.[50]

이러한 구곡문화와 함께 경승지는 3경, 4경, 6경, 8경, 9경, 10경, 12경, 20경, 28경 등 자연의 경승을 시로 승화시키는 시(詩) 문학으로 발전하여 상주에도 상산팔경(商山八景), 낙동팔경(洛東八景), 우곡잡영 20절 등이 있다.

상주에 유일하게 구곡문화가 전해지는 연악구곡은 제1곡 탁영담(濯纓潭), 제2곡 사군대(使君坮), 제3곡 풍암(楓岩), 제4곡 영귀정(詠歸亭), 제5곡 동암(東岩), 제6곡 추유암(鰍遊岩), 제7곡 남암(南岩), 제8곡 별암(鼈岩), 제9곡 용추(龍湫)이다.

중국의 무이구곡과 같이 바위에 구곡의 명칭을 각자(刻字)하였다고 하나 수해 등으로 지형이 변하여 제6곡 추유암(鰍遊岩)만 남아 있고, 나머지 8곡은 흔적을 찾을 수 없다.

---

50 재령 강씨 문중 소장 자료

연악구곡기

龝遊岩(추유암)

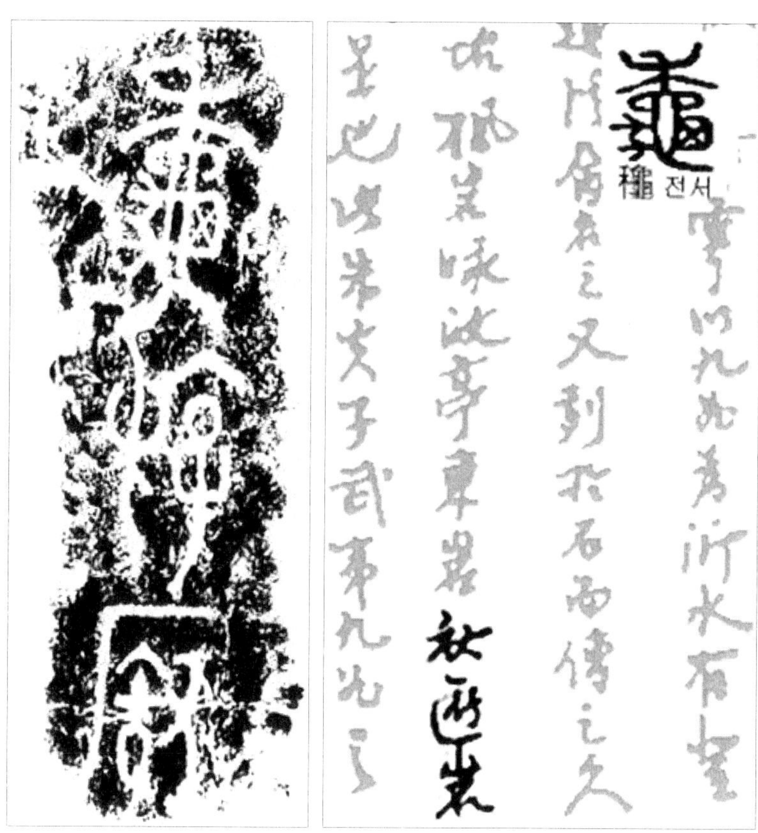

탁본　　연악구곡기와 전서

추유암은 전서체로 새겼는데 판독이 쉽지 않다. 제6곡의 암각서는 기존의 연구에서 '구유음(龜遊㕑)'[51]과 '추유암(穐遊岩)'[52]으로 연구된바 있고, 연악구곡기와 상산지(청대본)에는 '추유암(秋遊岩)'으로 기록되어 있다.

이는 '穐'는 '秋'의 옛 글자로서 연악구곡기와 상산지(청대본) 기록 때에

51 권태을외 8인, 1996, 『갑장산』, 화보(구유음 탁본), 16쪽

52 김정찬, 2009, 「상주의 연악구곡 고찰」,『제24회 전국향토문화공모전 수상집』, 한국문화원연합회, 263~266쪽

도 약자 형태로 사용되어 '秋'로 기록된 것으로 생각된다.

위치는 지천동 산75-3번지(N 36°21'6.2", E 128°9'36.4")로서 용흥사 계곡의 바위면이다.

제8절 기타

1. 김해김씨 쌍교암(金海金氏双轎岩)

공성면 무곡리 543번지와 544번지(N 36°17'53.4", E 128°7'24.7") 경계에 위치하며, 무곡리 고인돌 군(茂谷里支石墓群)으로 소개되어 있다.[53]

기양산(704m)에서 북서쪽으로 뻗어 내린 신암산 남서쪽에 위치하며, 새무실 마을에서 서쪽으로 300m 정도 떨어진 밭 안 길 옆에 있다. 하나의 암괴가 동남에서 북서 방향으로 갈라져 2개 바위 군으로 형성되어

전경

53 조희열, 2007,『상주지명총람』, 공성면 편

있다. 앞쪽 바위는 1개의 할석으로 비스듬하게 누운 형태로 좌측면에는 '김해김씨쌍교암(金海金氏双轎岩)', 뒤쪽 바위는 3개의 할석 위에 오른 형태로서 중간부에는 '소유김문중(所有金門中)'이라 새겼다. 뒤쪽 바위는 옮겨진 것으로 생각된다.

쌍교는 말 2필이 끌고 가는 가마로 조선시대에는 사신이나 관찰사, 부윤 등 종 2품 이상의 벼슬아치만 탈 수 있었다.

2. 졸업 기념식수(卒業紀念植樹)

남성동 140번지(N 36°24'39.4", E 128°9'22.7")로 현재 중앙초등학교 내에 있는 중앙공원의 정자 아래 석벽에 '卒業紀念植樹, 昭和二年三月十八日(졸업기념식수, 소화이년삼월십팔일)'이라 새겼다. 소화 2년은 1927년이다. 1921년 4월 25일 개교된 상주공립농잠학교의 졸업생이 졸업 기념으로 식수를 하고 식수 기념비를 세운 것이다.

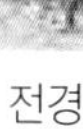

전경

卒業紀念植樹(졸업기념식수)

3. 주성립명(周聖笠名)

자산(子山, 紫山)인 만산동 산47번지(N 36°26'2.2", E 128°8'35.7") 해발 280m 정상(일명 조망바위)에 위치한다. 이곳은 중덕과 사벌 평야가 조망되는 곳으로서 병성동에 위치한 병풍산성과 마주하고 있다. 옛 자산산성의 동쪽의 치(雉)로 군사적으로나 유상처로 많이 이용되어 왔고 지금도 사벌과 중덕 방향을 조망하는 장소로 이용되고 있다.

암각서는 새김의 깊이가 얕아 글씨 판독이 쉽지 않다. 배치는 종서2열과 그 중간에 1열로 배열하였으며, 추정되는 글자는 오른쪽은 '四二八二○(사이팔이○)', 왼쪽은 '周聖笠(주성립)', 그 중간 하단에 '二○(이○)'로 보인다.

'四二八二○'는 단기 4282년 즉 서기 1949년, '周聖笠'은 '주성립'이란 사람의 이름으로 보이며, '二○'는 어떠한 의미를 나타내는지 알 수 없다.

전경

周聖笠(주성립)

4. 식산정사(息山精舍)

외답동 167-1번지(N 36°24'47", E 128°12'2.7")에 위치하며, 문화재 명칭은 천운정사(天雲精舍)이다.[54]

이 정사는 식산(息山) 이만부(李萬敷, 1664~1732)가 1697년 상주로 이주해 와서 학문을 닦은 곳으로서 정사 배치와 시설물의 원래 형상은 누항도(陋巷圖)[55]에 잘 남아 있다. 누항도에 따르면 정사 왼쪽에는 좁은 하천에 다리가 놓여 있는데 이 다리 주변에 암각서가 있다. 현재의 정사 출입 일각문 앞쪽이 된다. 마을 안길을 콘크리트로 포장을 하면서 측구 부분에 위치하게 되었다.

필자가 확인하였을 때에는 3자를 횡으로 새겼는데 하수도가 협소하여 글자 판독을 할 수가 없었다. 지금은 토사로 매몰되어 확인할 수 없다.

54 식산정사가 천운정사로 명명된 것은 정사의 편액이 '天雲堂'이기 때문에 문화재 지정 당시 천운정사로 명명한 것으로 추정한다. 이선옥, 「息山 李萬敷(1664-1732)와 『陋巷圖』 書畵帖 研究」, 한국미술사학회, 미술사학연구 227(2000.9) pp.5-38

55 전남대학교(중앙도서관) 소장, 39.0×30.5㎝

매몰 위치

陋巷圖(전남대학교도서관 소장)

5. 복(福)

화북면 장암리(壯岩里)의 문장대를 오르면서 아래층의 바위가 끝나고 얹힌 바위(거북바위)가 시작되는 곳의 왼쪽에 있다.

이 바위에 예서체(隸書體)로 '복(福)' 자를 새겼다. 바위의 재질이 화북 일대에 분포되어 있는 화강암은 입자의 경도는 크나 풍화작용이 빠른 특성이 있어 암각서가 훼손되어 분명하지 않다. '福(복)' 자 암각서는 화북면에 전해오는 우복동(牛腹洞) 전설과 예술성과 관련 없는 민초(民草)의 단순한 복을 기원하는 민속신앙에 의해 새겨진 것이 아닌가 한다.

전경

福(복)

6. 이관진 명(李寬鎭 名)

사벌면 삼덕리 1-8번지(N 36°27'29.8", E 128°14'46.7") 경천대 내 '大明天地崇禎日月(대명천지 숭정일월)' 석비 단 아래 우측 암면에 조성되어 있다. 조성된 바위는 역암으로 석질이 단단하지 않아 글씨의 모양을 판단하기가 어렵다. 새긴 내용을 보면 좌측에 작은 글씨로 '戊辰(무진)' 그 우측에 큰 글씨로 '李寬鎭(이관진)'을 새겼다. 어느 해인지는 알 수 없으나 무진년에 '이관진'이란 사람이 새긴 것이다.

李寬鎭(이관진)

7. 금천리 인명

모동면 금천리 산 2-1번지(N 36°19'9.5", E 127°57'25.1")에는 산자락과 농지 사이에 돌출된 바위가 있는데 그 바위 면에 판독이 되지 않는 글씨가 12자 정도 새겨져 있다. 판독 되는 글씨가 '白(백)', '林(림)' 등으로 시작하여 3자를 종으로 새긴 것으로 보아 4명의 이름을 새긴 것으로 보인다. 새김의 깊이가 얇고 암면이 평탄하지 않아 전체 글의 판독이 어렵다.

금천리 인명

제9절 소결

상주에 산재된 암각서에 대하여 문헌기록과 구전을 바탕으로 38개소 48개의 암각서를 살펴보았다. 조사 결과 기록에는 있으나 실제는 사라진 곳과 예술성이 부족한 자료는 통계에서 제외하였다.

상주지역은 역사시대의 대도회지로 본 연구 이외에도 묻혔거나 사라진 암각서가 많을 것이다. 암각서는 대형 바위의 암벽과 외기에 노출되어 있고 접근이 어려우며 글자를 보호할 수 있는 각(閣)이 없는 금석문으로 대부분 마모와 훼손이 심하다. 또한 쉽게 탁본할 수 없는 위치에 있거나 규모가 크기 때문에 기록 보존의 방법도 난해하다. 이번 조사와 연구에서 상주 지역의 암각서를 조사한 결과, 훼손이 심하여 어떠한 방법이던지 기록 보존이 필요하다고 판단하였다.

전체 조사 대상에서 양사언의 글씨로 추정되는 동천암의 '洞天(동천)'은 역사성과 상징성이 높은 암각서로 글씨의 주인공에 대한 보다 깊은 연구가 필요하다. 특히 이곳의 화강암은 건축자재의 가공석(加工石)으로서는 강도가 높으나, 자연 상태의 햇볕과 외기에 노출되어 있을 때에는 바위의 입자가 떨어지는 특성이 있어 풍화 속도가 빠르다. 따라서 '洞天' 글자 연구 결과 명필 양사언의 글씨로 판정된다면 보존하여야 할 가치가 높은 암각서로 제도적 필요 조치가 조속히 이루어져야 한다.

또한 전서체로서 예술성이 높은 우복 유허지인 '御風臺(어풍대)', '水回洞(수회동)'은 지의식물이 활착되고 있어 풍화의 조짐(兆朕)이 있는 상태로, 정기적인 보존처리가 시급한 실정이다. 이러한 암각서는 현행 문화유산 보존 대상에서는 제외된 사각지대에 속해 있어 국가차원의 적극적인 문화유산 보존 주체 설정과 방안 모색이 필요한 분야라 생각된다.

제2부

바위그림(巖刻畵)

1. 머리글

암각화란 문자가 없었던 선사시대에 인류가 그들의 삶 속에서 발생한 최초의 공통된 의사 표현, 또는 인간이 이룰 수 없는 특별한 기원을 바위에 새긴 그림으로 해석된다. 현대의 그림은 예술행위의 표현이라고 하겠지만, 그 당시에는 농산물의 재배 또는 가축을 길러 삶을 영위하는 것이 아니라 채집과 사냥으로 해결해야만 하는 시대로 더 나은 삶과 풍족한 먹을거리를 구하기 위해 인간이 아닌 불멸의 신물에게 정성을 올려 목적을 달성하려는 의존심을 가지고 있었다. 따라서 암각화는 이러한 삶의 생활에서 풍요의 주술적 또는 신앙적인 행위의 산물이라고 하겠다.

그림의 형태는 동물, 사람, 문양 등 여러 형태로 나타나고 있으나 기원을 목적하는 것은 모두 같으며, 목적에 따라 신격 또는 숭배의 표현이 되기도 하였다.

우리나라에 암각화가 알려지게 된 것은 1970년 12월 25일 「동국대학교 박물관 학술조사단」이 태화강변인 울주군 언양읍 대곡리와 천전리에서 암각화를 발견하면서부터이다. 그동안 발견된 암각화는 15~16군데 정도로 문화재로 지정된 곳은 10개소이다. 유적의 대부분은 영남지역에 분포되어 있으며, 아직까지 암각화에 대한 관심과 연구가 부족한 상황이다.

암각화가 좀 더 알려 지게된 것은 울산의 반구대암각화(국보 제285호, 1995.6.23. 지정) 유적이 울산의 식수원인 사연댐[56]으로 인해 장마철에 수위가 높아지고 수몰되면서 보존에 관한 사회적 여론이 형성되면서부터

56 1962~1965년에 태화강의 지류인 대곡천 수계의 물을 얻기 위해 건설된 어스 필 댐(earth fill dam)으로 높이 46m, 길이 300m로서 용수 공급은 3,600만㎥이며, 울산공업단지의 공업용수와 인근 지역 주민의 생활용수를 공급한다.

이다. 암각화의 제작 시기를 신석기 시대로 볼 것인지 청동기 시대로 볼 것인지에 대해서는 고고학계와 역사학계에서 오랫동안 검토해왔지만 아직까지 확실한 편년은 정해지지 않았다. 이런 가운데 국정 역사교과서에는 '신석기시대부터 만들어진 것으로 보는 견해도 있다.'를 '신석기시대부터 만들어지기 시작하여 청동기시대까지 지속적으로 제작되었다.'로 개정하는 등[57] 시대의 편년에 대해 적극적으로 서술하고 있다.

최근 상주에서도 낙동면 물량리의 바위그림이 암각화로 판명되었다. 이 암각화가 세상에 드러나게 된 동기를 보면, 필자가 2016년 '상주 제10호'에 게재할 원고 '상주지역의 암각서'를 정리하면서 상주지역 바위에 새겨진 글자 이외에 그림까지 조사하여 게재할 생각이었다. 그러나 암각서인 글자는 이름이나 간지 또는 연호가 있어 새긴 시기를 가늠할 수 있으나, 그림은 이러한 시대성을 판단할 수 있는 단서가 없다. 필자는 원고와 탁본전시회를 준비하면서 이 암각화의 얼굴 부분을 탁본하여 2016년 11월 15일 울산대학교 울산반구대 연구소에 자문을 구하였다. 연구소의 이하우 교수는 현장 실사를 거쳐 2016년 12월 한국암각화학회[58]에 이 암각화의 소개와 연구 결과를 발표하였다. 또한 2017년 1월 4일부터 언론보도가 되면서 세상에 알려지게 되었다.

본 연구에서 바위에 새긴 그림이란 표현은 선사유적 암각화의 정의와는 상당한 거리가 있다. 그러나 그림은 선사시대에서 현대에 이르기까지

---

57 울산매일(2017.1.31) '반구대암각화 제작연대와 관련하여 고등학교 교과서 최종본(p.24)에는 '신석기시대부터 만들어진 것으로 보는 견해도 있다'는 문장이 삭제되고 '신석기시대부터 만들어지기 시작하여 청동기시대까지 지속적으로 제작되었다'로, 중학교 교과서(p.35)도 반구대 암각화 사진설명에서 '신석기시대부터 지속적으로 새겨진 것으로 추정되며~'를 '신석기시대부터 청동기 시대에 걸쳐 지속적으로 새겨진 것으로~'로 수정해 '신석기 추정설'을 일단락시켰다.

58 이하우, 2016, 「새로 찾은 두 점의 암각화」, 『한국암각화연구 제20집』, 한국암각화학회, 143~149쪽

글자 또는 그림으로 새겨지고 있어 상주지역 바위에 새겨진 그림 전체, 즉 암각화를 제외한 '불상, 민속, 문양 등 글자를 제외한 모든 그림과 함께 성혈을 통합한 적정 용어'가 없어 이 글에서는 '바위에 새긴 그림'으로 표현하여 연구의 대상으로 하고자 한다.

2. 우리나라의 암각화

암각화는 선사인의 생활과 직결되는 것으로, 그 당시에는 주술적 또는 상징적 의미를 지니는 원시 미술의 일종으로 가장 오래된 것은 구석기시대의 동굴벽화이다. 원시 동굴의 생활을 벗어나 자연지형에 표식을 남기기 시작하는 시기는 신석기시대 이후이며 구석기시대와는 또 다른 모습으로 표현되기 시작한다. 그 후에도 청동기, 철기시대까지 이어지고 역사시대에 들어와서도 계속되어 왔다.[59]

한국의 암각화는 물상 암각화, 기하 추상형 암각화, 성혈 암각화 등으로 분류된다. 물상 암각화는 동물이나 인물 등 구체적 형태의 식별되는 문양을 말하며, 육지와 해양의 고래와 수렵 모습이 있는 반구대 암각화[60]가 대표적이다. 육지 동물의 물상과 내면의 기원과 염원을 상징적 부호로 표현한 천전리 암각화[61]는 기하 추상적 암각화의 대표적인 사례이며, 사다리꼴의 추상형인 칠포리 암각화와 그 변이형이 여러 지역에서 나타난다. 성혈 암각화는 일정한 규칙에 따라 발생된 윷판형 암각화가 있다. 조각의 방

암각화 분포도

59 황용훈, 1987, 『동북아시아의 암각화』, 민음사, 67~68쪽

60 울산광역시 울주군 언양읍에 있는 선사시대의 암각화. 1995년 6월 23일 국보 제285호로 지정되었다.

61 울산광역시(蔚山廣域市) 울주군(蔚州郡) 두동면(斗東面) 천전리(川前里)에 소재하며 국보 제147호로 지정되어 있다.

법은 점각, 선각, 면각의 방법을[62] 사용하였다.

구석기시대에는 사람의 접근이 어렵고 신성시 되는 동굴 안에서 이루어졌고, 소재는 식량으로 사용되는 동물과 사람의 모습, 손자국, 기타 상징적 문양으로 풍요와 생산, 토템신앙을 나타낸다.

신석기 시대는 동굴에서 벗어나 자연지형에서 생활 근거지나 사냥터의 높은 바위벽 또는 물가의 바위벽에 새겼으며 수렵의 대상이 되는 동물이 그 대상이 된다. 이때에도 풍요와 식량 생산과 관련된 주술과 감응 주술 신앙을 나타낸다.

청동기시대에는 인물, 배, 농경, 수렵, 어로, 물고기, 새 등 소재의 대상이 다양해지고, 후기로 오면서 기하문이나 풍요와 생산의 상징으로 성혈 문양으로 대상물이 변화한다. 풍요와 감응주술, 내세신앙으로 천신과의 언어 표현을 나타낸다.

철기시대는 전사, 무인상, 행렬 등 집단과 단체의 광경이 나타나며 기념비적인 역사적 사실을 나타내고 있다. 시대별로 나타나는 암각화의 표현 대상물은 다르나 보다 좋은 생활과 생존을 위한 절실한 갈망의 정신세계를 담고 있으며 생활 속의 신화, 전설, 주술, 종교 등을 표현한 그 당시의 기록물의 성격을 가지고 있다.

현재 문화재로 지정된 암각화는 전체 10개소이다. 울산 1, 전북 1, 경북 8개소로 전북지역 1개소를 제외한 나머지 암각화는 모두 영남지역에 위치한다. 다른 지역에도 암각화가 잔존하고 있으나 풍화와 훼손되거나 쉽게 발견되지 않는 특수성이 있다. 그럼에도 영남지역에 국한되어 나타

62 새김의 기법에 관한 용어는 여러 논문에서 점으로 새긴 것을 점각, 점새김, 점쪼기, 쪼아파기라 하고, 선으로 세긴 것을 선각, 선새김, 선쪼기, 갈아파기. 면으로 새긴 것을 면각, 면새김, 면쪼기 등으로 표현하고 있으나 본고에서는 점각, 선각, 면각으로 사용하도록 한다.

나고 있는 것은 낙동강 유역에서 발달된 특별한 선사의 한 문화로 주목이 되는 부분이다.

< 암각화 문화재 지정 현황 >

(문화재청 자료 2018.5.2)

종목	명칭	소재지	시대	관리자	지정일
국보 제285호	울주 대곡리 반구대 암각화	울주군 언양읍 반구대안길 285	석기	울주군	1995.6.23
보물 제605호	고령 장기리 암각화	고령군 아래알터길 15-5	선사	고령군	1976.8. 6
전북유형 제163호	대곡리 암각화	남원시 대산면 대곡리 401	청동	황의갑	1998.11.27
경북유형 제248호	영주 가흥리 암각화	영주시 가흥1동 264-2	-	영주시	1990.8. 7
경북유형 제249호	영일 칠포리 암각화군	포항시 북구 흥해읍 칠포리 201	-	포항시	1990.8. 7
경북유형 제286호	영천 보성리 암각화	영천시 청통면 보성리 666-2	-	영천시	1994.4.16
경북기념 제92호	고령 안화리 암각화	고령군 쌍림면 안화리 산1	-	고령군	1993.11.30
경북기념 제98호	경주 석장동 암각화	경주시 석장동 산38-1	-	경주시	1994.9.29
경북문자 제312호	경주 안심리 암각화	경주시 내남면 안심리 14	-	경주시	1995.12.1
경북문자 제447호	안동 수곡리 암각화	안동시 임동면 수곡리 산 45-3	-	안동시	2003.9.22

3. 상주 암각화 내용

1) 암각화

명칭	구분	형태	위치	내용
낙동 물량리 암각화군	제사	선각	낙동면 물량리 산131	인면

2) 바위그림

구분	명칭	형태	위치	내용
1	함창 증촌리 입석	부조	함창읍 증촌리 215-3	입상
2	사벌 퇴강리 석각 마애불	선각	사벌면 퇴강리 산37-2	입상
3	공성 도곡리 선각 마애불 입상	선각	공성면 도곡리 산42	입상
4	내서 평지 마애불좌상	부조	내서면 평지리 산177	좌상
5	내서 북장리 석각 마애불두	선각	내서면 북장리 산9	불두
6	외남 구서리 도통군자	선각	외남면 구서리 산2-1	道德君子
7	이안 소암리 용두암	-	이안면 소암리 453	문(門),칠성(七星)
8	연원동 석각 신장상	면각	연원동 820	神將像

3) 분포도

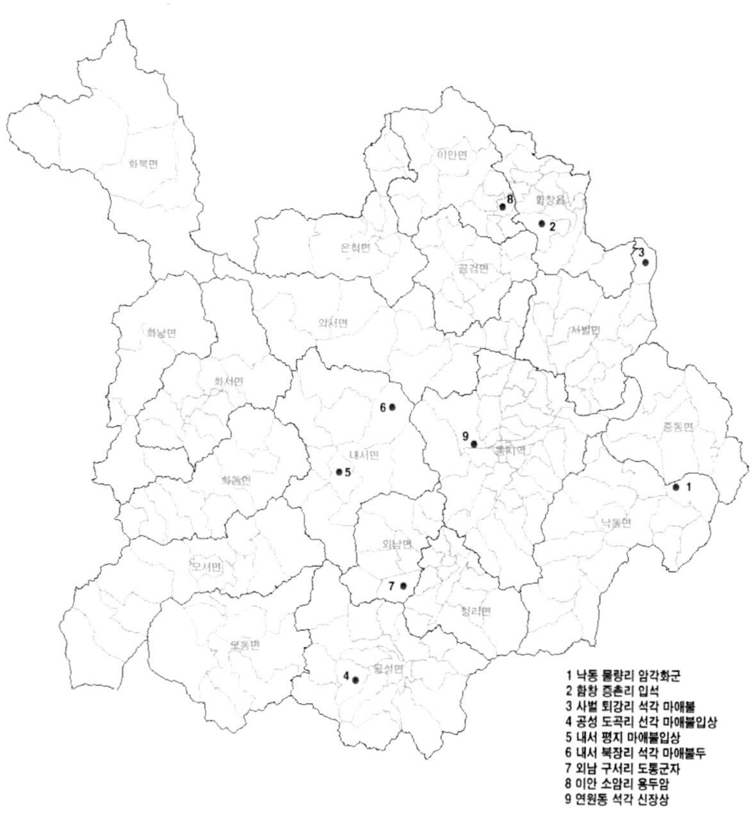
화북면
이안면
함창읍
은척면
공검면
외서면
사벌면
화남면
화서면
중동면
내서면
화동면
낙동면
외남면
모서면
청리면
모동면
공성면
1 낙동 물량리 암각화군
2 함창 증촌리 입석
3 사벌 퇴강리 석각 마애불
4 공성 도곡리 선각 마애불입상
5 내서 평지 마애불입상
6 내서 북장리 석각 마애불두
7 외남 구서리 도통군자
8 이안 소암리 용두암
9 연원동 석각 신장상

제1절 암각화

1. 낙동 물량리 암각화군

낙동 물량리 암각화군으로서 물량리 산131번지(N 36°23'46", E 128°17'4") 낙동강 변 무새골(무시골)과 해발 198m 봉우리에서 낙동강을 따라 내려오는 산자락의 옛길 옆 해발 43m 옆 바위 절벽에 위치한다. 바탕이 되는 바위면의 크기는 너비 11.25m, 높이 2.2m로서 퇴적암 계통의 평탄한 면에 새겼다.

전경

지명을 살펴보면 물량리는 '물량골', '물 안골', '무리실', '무량곡'이라고 하며, 낙동강 물의 안쪽이라 하여 물안의 마을로 '물안'이었으나 변음되어 물량이 되었고, 한자로 한역을 하면서 '무량(無良)'이 되었다. 1914년 4월 1일 행정구역을 개편하면서 무(無)자가 좋지 않다고 하며 물(物)자로 고쳐 '물량(物良)'이라고 하였다. 무새골(무시골)은 지명의 유래는 없으나 낙동강 물과 관련된 지명으로 보인다.

암면에는 2점의 인물상과 18점의 인면 각 부위와 글자 등의 표현물이 새겨져 있고 '울산대학교 반구대암각화유적보존연구소'에서 조사하였다. 조사 결과를 보면

「인물상 2점의 크기는 왼쪽 그림이 폭 74cm, 높이 128cm, 오른쪽 그림이 폭 104cm, 높이 173cm이다. 선각으로 형상을 만들어가는 거친 선새김 방식으로 제작되었으며, 제작 연대를 판단하기에는 어려움이 있으나 수족을 과장해서 표현하거나 눈과 같은 특정 부분을 강조한다는 점에서 한국 선사시대 암각화의 표현 방식을 충실하게 계승하고 있다.

또한, 한국에서 발견된 가장 큰 인물 암각화라는 점에서 조형적으로 중요한 의미를 지니고 있다. 또한 낙동강을 내려다보는 자리에 있는 것으로 볼 때 수변제사(水邊祭祀)유적의 하나로 판단할 수 있을 것이다. 유난히 강조된 인물상의 두 눈은 물량리 암각화가 물의 근원에 대한 신앙이나 수신 신앙과 관련되었을 가능성을 배제할 수 없을 것이다.」

라고 하였다.

상세

실측도(전체)

실측도(상세)

이 유적과는 직접적인 관련은 없으나 2000년 국도 25호선 개설 공사를 위한 구제 발굴조사를 하면서 낙동면 신상리 산71번지에서 20만 년 전 전기 구석기 유적이 발견되었다. 이 유적으로부터 암각화까지는 직선거리 3.5㎞로 인류의 정착이 확인된 주변이다. 또한 고려시대 원(院)이던 이두등원이 있던 물량리(보양)와 구잠리 불현(부치당 고개)까지는 낙동강을 따라 동래에서 한양까지 옛길이 형성되어 있던 곳으로 통행인의 왕래가 빈번한 곳이었다.

유적이 1915년 지형도와 같이 옛길 옆에 위치하고 있는 것으로 보아 오래전부터 신앙의 대상이 되었던 유적으로 생각된다.

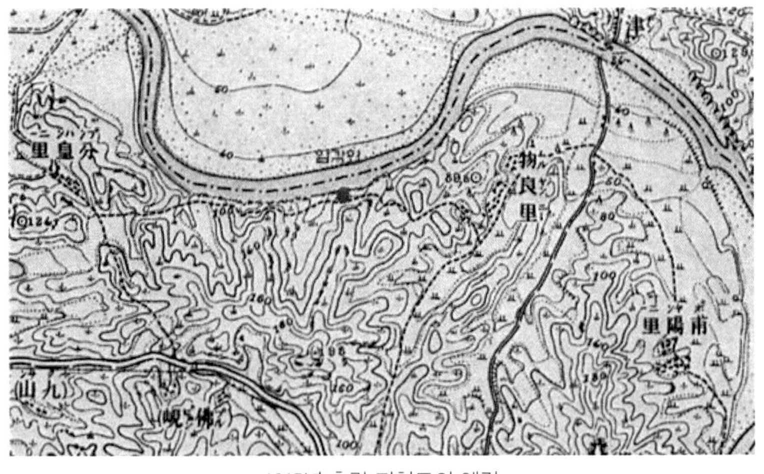

1915년 측량 지형도의 옛길

한편 유적이 위치한 곳의 지질을 보면 낙동강을 중심으로 서쪽은 시대미상의 화강암 지대와 동쪽의 백악기[63] 낙동층 사이에 제사기[64]의 충

---

63 백악기(白堊紀) 약 1억 3,500만 년 전부터 6,500만 년 전까지의 기간

64 제사기(第四紀) 약 200만 년 전부터 현재에 이르는 지질 시대

적층이 발달한 곳이다. 유적 옆에 있는 퇴적암층의 단면부에서는 지금도 화석이 나타나는데 유적이 새겨진 암면도 같은 퇴적암의 평단부에 새긴 것으로 보인다.

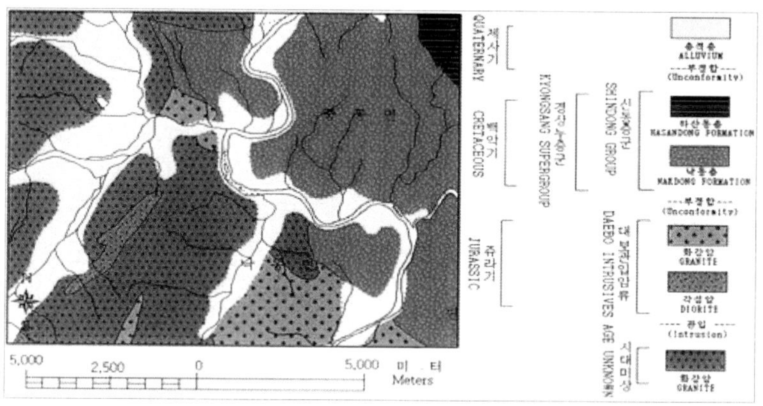

유적 주변 지질도(1:250,000) ※ 출처: 신상리 구석기유적 자료

울산대 반구대 연구소에서 기초 연구 조사한 결과 암벽 표현물은 모두 20개이다. 20개의 표현물 중에서 얼굴과 신체 전체 형상이 2개, 얼굴 형상이 2개, 눈, 코, 입 형상이 2개, 눈, 코 형상이 5개, 양 눈 형상이 2개, 외눈 형상이 2개로서 신체 부위 표현물이 15개이다.

이외에 '은', '경', '신', '三', '月'로 보이는 표현물이 있다. 제작 기법은 거칠게 쪼아서 새긴 선 쪼기 방법을 사용하였다.[65]

그러나 정밀조사를 실시할 경우에는 이보다 더 많은 암각화가 나타날 수 있으며, 조사된 얼굴의 형상은 다음 그림과 같다.

---

65 이하우, 2016, 「새로 찾은 두 점의 암각화」, 『한국암각화연구 제20집』, 한국암각화학회, 143~149쪽

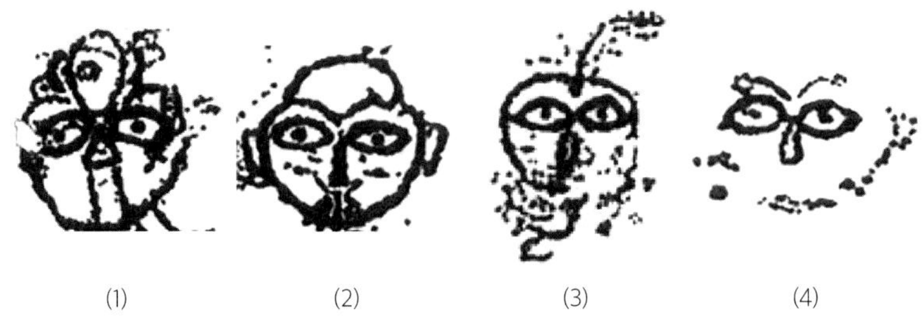

암각화 중에서 얼굴 부분이 명확히 표현된 것은 많지 않다. 국내의 자료를 보면 울주군의 반구대와 천전리에서 역삼각형의 인면(人面)과 인면수신(人面獸身)의 사례가 있다. 이외에 태양신(太陽神)을 표현하였다는 고령 장기리와 포항 칠포리의 인면이 있으나 얼굴 형상이 명확하게 나타나지는 않는다.

국외의 자료를 보면 중국 강소성의 금병산과 장군애, 닝샤회족자치구(寧夏回族自治區)의 허란산에는 인면과 식물을 의인화, 태양신 형상의 인면이 있다.

러시아의 시베리아에도 태양신을 표현한 인면이 있으며, 미국의 알래스카 코디악섬의 유적에서 고래의 얼굴로 표현하였다는 인면이 타나난다. 그러나 이와 같은 국내외의 인면을 표현한 형상에도 물량리 인면과 유사한 형상은 찾아볼 수 없다.

<국내외의 인면 암각화>[66]

(1) - 울산 울주군 언양읍 대곡리 반구대 암각화

(2), (3) - 울산 울주군 두동면 천전리

(4) - 경북 고령군 대가야읍 장기리

(5) - 경북 포항시 북구 흥해읍 칠포리

(6) - 중국 강소성 연운항 해주구 금병산

(7), (8) - 중국 닝샤(寧夏)회족(回族)자치주 인촨(銀川) 허란산(賀蘭山)

(9) - 중국 강소성 연운항 장군애

---

66 자료 출처 : 인터넷 검색 자료

(10), (11) - 러시아 시베리아

(12) - 미국 알래스카 코디악섬(Kodiak Island)

이와 같이 낙동 물량리와 국내외 인면 암각화를 비교해 보았으나 인면의 형상이나 표현의 기법 등에서 유사한 점을 살펴볼 수 없었다.

기존의 암각화는 추상적이거나 단순한 표현의 방법이지만, 물량리 암각화는 비교적 사실적이면서 추상적 표현을 하였으며, 단순하게 눈(目)과 코(鼻)를 연속적으로 표현한 것이 다른 암각화의 표현 방법과 다르다. 이와 같이 동일 형상이 반복적으로 나타나는 것은 성혈에서 동일한 흔적을 남긴다. 이곳에서도 어떠한 주술행위의 한 단계로 처음에는 인면과 신체 전체의 복잡한 형상을 새기면서 진행이 되다가 후대로 가면서 점차 표현이 생략되어 추상적 신체→인간 신체→얼굴→눈과 코→눈(2개)→눈(1개)으로 표현이 변천된 것으로 생각된다. 이와 반대로 단순에서 복잡한 형상으로 변천될 수도 있으나 암각화 연구 선행 사례에서 이에 대한 연구 결과가 없어 단정하기는 어렵다.

< 암각화의 변천 추정 >

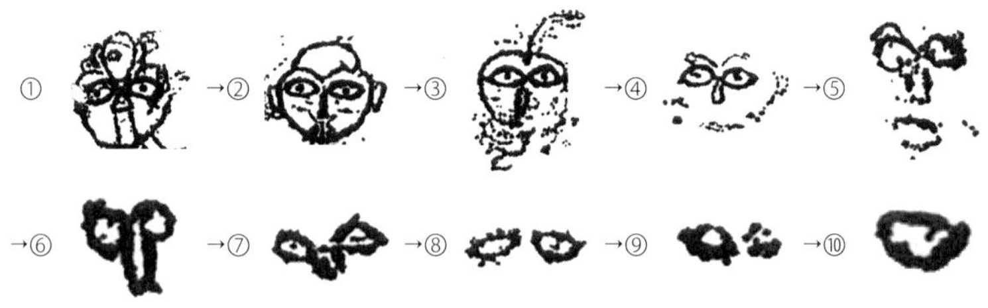

이 유적은 기본적인 조사의 결과이며, 주변의 암벽과 암벽 하단부의 정밀 발굴 조사 등 세밀한 조사가 필요하며, 그 결과에 따라 유적의 가

치가 재조명되어야 할 것이다. 이외에도 집중적으로 암각화가 그려진 암면에서 북쪽으로 약 10m 떨어진 곳에도 어떠한 물상을 표현한 것인지 판독은 되지 않으나 점각을 한 형상이 나타난다.

전경

상세

제2절 바위에 새긴 그림

암각화는 선사시대부터 그려지기 시작하여 현재까지도 암각이 되고 있어 상주지역 바위에 새겨진 모든 그림을 대상으로 조사하였다. 학계에서 말하는 암각화는 낙동 물량리 암각화 1개소를 제외하면 바위에 새긴 그림은 불교 6개소, 유교 1개소, 동학 1개소로 전체는 8개소이다.

<상주지역의 바위그림>

명칭	구분	형태	위치	내용
함창 증촌리 입석	불교	부조	함창읍 증촌리 215-3	불상
사벌 퇴강리 석각 마애불	불교	선각	사벌면 퇴강리 산37-2	마애불 입상
공성 도곡리 선각 마애불 입상	불교	선각	공성면 도곡리 산42	마애불 입상
내서 평지 마애불좌상	불교	부조	내서면 평지리 산177	마애불 좌상
내서 북장리 석각 마애불두	불교	선각	내서면 북장리 산9	마애불 불두
외남 구서리 도통군자	동학	선각	외남면 구서리 산2-1	道德君子 그림
이안 소암리 용두암	유교	-	이안면 소암리 453	문(門), 칠성(七星)
연원동 석각 신장상	불교	면각	연원동 820	神將像

1. 함창 증촌리 입석

함창읍 증촌리 215-3번지(N 36°33'49", E 128°10'20")에 위치하며, 선돌로 추정되는 화강암 2기가 있다. 큰 것은 2m, 너비 90㎝, 두께 50㎝, 작은 것은 높이 70㎝, 너비 35㎝, 두께 15㎝이다. 청동기 시대 유적으로 추정되고 있으며, 주변에는 5기의 선돌이 조성되어 있었으나 도로 공사 등으로 훼손되고 현재 원래 위치에 있는 것은 이곳 뿐이다. 이 선돌은 청동기시대 조성된 '증촌리 입석'으로 조사되었다.[67]

이 선돌 하단부에는 사람의 발(足) 모양 2개가 표현되어 있다. 발과 발가

정면 측면 배면

하단부 좌측 우측

67 상주시·경상북도문화재연구원, 2002, 『학술조사보고 제12책 문화유적분포지도』, 297쪽

락 형태로서 좌측에 5개, 우측에 4개씩 발가락 형상을 표현하였으며, 전체는 지하에 대석을 두고 그 위에 입석을 사람이 서 있는 형상으로 세워 입석 하단부에 발을 새겨 넣어 신앙의 대상으로 조성한 것으로 보인다.

증촌리 입석

2. 사벌 퇴강리 선각 마애 입상

위치는 사벌면 퇴강리 산37-2번지(N 36°31'18", E 128°15'51")로 옛 광대정 나루가 있었던 곳이다. 광대정 나루는 사벌면 퇴강리(물미) 광대정에서 예천군 풍양면 와룡리 용두정으로 건너는 나루이다. 이 나루는 상주 지역의 함창, 사벌 일대에서 예천으로 낙동강을 건너는 곳으로 낙동강을 횡단하는 주요 교통로였다.

이 유적은 퇴강 성당의 천주교 유적 또는 선사유적으로도 알려져 왔는데 전체적인 형상을 볼 때는 선각을 한 마애불로 추정된다. 현재의 상태는 암면의 석질이 약해 훼손이 심하고, 특히 목 부분과 우측 어깨 부분이 굵은 균열로 인해 훼손이 계속 진행되고 있는 상황이다. 선각 부분을 굵은 선으로 얼굴의 형태와 어깨 부분의 윤곽만 나타나는 형상이다. 얼굴 부분은 눈, 코, 입의 형상만 알아볼 수 있을 정도이고, 몸체는 어깨선의 윤곽 만 알아볼 수 있다. 이 암각화로 인해 이곳의 지명이 광대정이란 지명이 만들어진 것이 아닌가 생각된다.

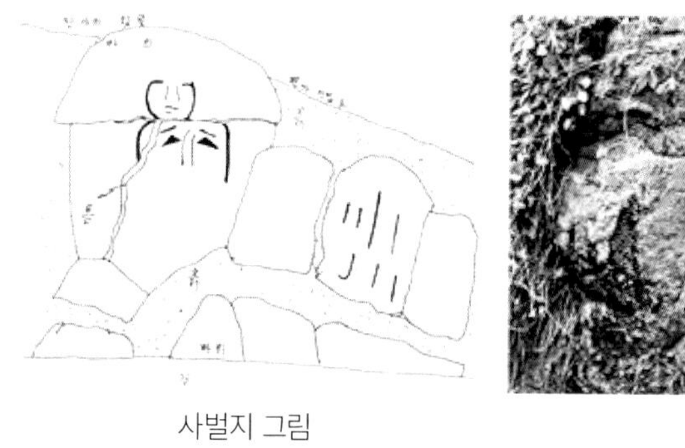
사벌지 그림

마애 입상

상산지의 고적조(古蹟條)에는 광대천(廣大遷)이 소개되어 있다. 내용을 보면 '在三灘津榜有巖錯落多刻成人面故名(재삼탄진방유암착낙다각성인면고

명)' 즉 '삼탄진에 있는데 바위에 많은 사람들의 얼굴이 뒤섞여 새겨져 있기 때문에 그런 이름이 붙었다.'라고 한 것으로 보아 여러 개의 얼굴이 새겨져 있었다고 하겠다.

한편 사벌지를 편찬하면서 조사를 하였는데 이 그림을 마애인면상(磨崖人面像)으로 명하고 만화식으로 음각한 아래 위에 두 개의 얼굴이라고 하였다.[68]

68 상주문화원, 1999, 『사벌지』, 276쪽

3. 공성 도곡리 선각 마애여래입상

공성면 도곡리 산42번지(N 36°16'44", E 128°3'21")에 위치한다. 공성면 소재지에서 모동 방향으로 넘어가는 웅신로에서 직선거리 180m 지점에 과수원과 산자락이 마주치는 곳에 높이 600㎝, 폭 170㎝의 세장형 화감암면에 선각으로 불상을 새겼다.

불상은 높이 513㎝, 폭 170㎝로서 암면 전체를 불상으로 채웠다. 모습은 상체에 비해 하체가 약해 보이며, 위엄보다는 토속미가 강조된 느낌으로서 광배는 없다. 머리는 소발에 방형 육계가 솟아 있으며 얼굴은 갸름한 형태로 눈썹은 반달형, 코는 뭉툭하게 남성미를 부각시키고 귀는 얕은 부조로 길게 어깨까지 닿아 있다. 법의는 우견편단으로 가슴부

전경

실측도

위에는 계단식의 층단(層段) 문양이 발목까지 늘어져 있고 법의 끝자락은 왼쪽 팔 방향으로 빠져나와 있다. 수인은 아미타 수인으로 보이며, 손가락 마디와 손톱까지 선명하게 표현하고 왼손은 손바닥을 위로 향하게 하고 지물은 연꽃을 들고 있다. 양발은 정면을 향해 벌리고 투박하며 크게 표현하여 어색한 모습이나 힘이 들어간 발의 모습을 표현한 것으로 보인다. 도상은 미륵이며, 고려 초기에 조성된 것으로 추정한다.[69]

상세

69 경주대학교 · 상주시, 2007,『상주 공성면 마애불입상 조사보고서』

4. 내서 평지리 마애불좌상

국사봉(423.2m)에서 국도 25호선이 있는 동남방향으로 비록골(벼로골) 계곡이 형성되어 있다. 국도에서 국사봉 방향 계곡으로 200m 정도 들어가면 숲속햇살교회가 있고, 계곡을 따라 1㎞ 정도 더 들어가면 좌측의 산 정상 방향과 우측의 계곡을 건너는 갈림길이 나타난다. 우측 길은 폭포 아래까지 연결되며 좌측 길은 폭포 상부로 연결된다. 그리고 마애불에 접근하는 길은 좌측 길을 선택해야만 접근이 가능하다.

폭포는 높이 약 20m 정도의 3단 폭포로 구성되어 있는데 마애불은 최상단 폭포 좌측 암벽에 동북방향으로 조성되어 있다. 조성 위치는 내서면 평지 2리 산177번지(N 36°24'34", E 128°2'25")이다.

암면을 다듬지 않고 자연 암면을 그대로 이용하여 결가부좌한 좌상으로 양손을 배 앞으로 모은 자세에 전체 불상에 비해 머리가 큰 편이고, 코와 귀도 크게 표현되었다. 얼굴은 둥글고 육계와 나발, 목에는 삼도, 이마에는 백호를 크게 표현하였다. 양손은 배 앞에 모았으나 수인은 알아볼 수 없다. 상의 높이는 70㎝, 폭은 50㎝ 정도로 크기가 작고, 전체적 형상은 비례가 맞지 않고 가슴과 팔 부분이 빈약하여 예술성은 부족한 편이다. 불상에서 약 200m 아래 동북 방향에 건물터가 있는 것으로 보아, 이곳은 근래까지 신앙 장소로 이용되어 왔던 것으로 보인다.

전경

상세

5. 내서 북장리 선각 마애불두

북장사 만월당에서 좌측 계곡을 건너 산 정상 방향으로 60m 정도 올라가면 바위 군락이 나타난다. 이 바위 군락 아래 '景庵堂(경암당)' 부도가 있고, 이곳에서 20m 정도 더 올라가면 바위 군락이 있다.

바위는 높이 2.5m, 폭 2.3m 정도의 화강암으로 남쪽 면을 평평하게 다듬어 중앙부에 불두의 윤곽만 선각을 하였다. 위치는 내서면 북장리 산9번지(N 36°26'18", E 128°4'54")이다. 크기는 전체 높이 80㎝, 불두 45㎝, 어깨 폭 57㎝, 두광 폭 47㎝, 귀 길이 13㎝이다.

얼굴과 두광, 어깨 및 가슴까지 표현하였고, 머리는 소발이며, 그 위에 육계가 있고 얼굴은 둥근 형으로 양쪽 눈을 크게 뜬 형상이다. 양쪽 귀는 적은 편으로서 목에는 삼도가 표현되어 있다.

양쪽 어깨와 가슴까지 표현되어 있으나 마모가 심하여 법의(法衣) 형식은 알아보기 어렵다. 두광은 양쪽 어깨에서부터 원호를 그리며 육계 부분까지만 연결되어 정상적 표현은 되지 않았다.

새김의 선이 가늘고 조잡한 편으로 정상적인 형식을 갖추지 못하였으며, 조성 시기는 조선 후기로 추정된다.[70] 바위가 굵은 입자로 형성된 화강암으로 풍화현상이 심하다.

---

70 정영호, 1969, 『상주지구고적조사보고서(단국대학교 박물관 고적조사보고서 제3집)』, 단국대학교출판부, 88~89쪽

전경

상세

6. 외남 구서리 도통군자

청리면, 외남면, 공성면 경계에 해발 511m의 서산이 솟아 있는데 이 산 서북쪽 외남면 구서리 산2-1번지(N 36°20'1", E 128°5'50") 광덕사에 위치한다.

대웅전 뒤쪽에 계단을 따라 올라가면 별도의 단을 설치한 입석에 새겼다. 이 절의 창건자는 해운당 배순강(1879.1.15~1956.2.18)이다.

해운당은 14세에 동학에 입도하여 16세에 동학운동에 참여한 후 수운 선생의 상통천문(上通天文), 하달지리(下達地理), 중찰인사(中察人事), 광제창생(廣濟蒼生), 포덕천하(布德天下)를 목표로 백두산에서 낙동강까지 수도정진하면서 산제수제를 지내고 크게 깨달음을 얻어(豁然大悟) 도통군자(道通君子)가 되었다고 한다.[71]

이 암각화는 광덕사의 삼성각 뒤편 자연 바위의 암면에 선각을 한 것이다. 조성 시기는 광덕사가 1925년에 창건되고 절 앞에 세워진 '최수운대신생도덕연원영세불망비(崔水雲大先生道德淵源永世不忘碑)'가 1952년 4월 5일 건립된 것을 보면 비(碑)가 건립된 시기 사이에 조성된 것으로 보인다. 형상은 도포를 입고, 머리에 관을 쓴 형상이다.

71 배원룡, 1995, 『도통군자 해운당배순강실기』, 한국한자한문교육연구소, 63쪽

전경

상세

7. 이안 소암리 용두암

이안면 소암리는 평야 중간에 황소 뿔 모양으로 솟아 있어 가차산(加次山) 또는 동쪽 머리에 큰 바위가 있어서 소암(素岩)이라 하였다. 산자락과 경지가 접하는 위치에 산정(山頂)에서 아래로 경사진 화성암으로서 가로 6m, 세로 3~4m 정도의 수직형 바위가 발달해 있다. 바위의 위치는 이안면 소암리 453, 454-1번지(N 36°33'3", E 128°9'26")이다. 이 바위를 용두암이라고 하며, 지명은 청룡 끝이라고 한다. 바위 위에는 장수 발자국이라고 하는 홈이 새겨져 있는데 그 아래 문(門)과 문고리, 칠성(七星) 형태의 문양, 소암(素巖), 자소재(自素齋) 등 한자가 새겨져 있었다. 지금은 소암, 자소재 글자만 확인된다. 나머지는 매몰되어 확인할 수 없고, 매몰된 부분은 밭으로 이용되고 있다. 바위에 새겨진 한자의 내용을 알 수 없고, 1998년 8월 12일 집중호우로 인하여 수해가 발생한 후 응급복구를 할 때 이 부분에 둑을 쌓아 매몰되었다고 전한다.[72]

전경

72 대구 동구 용계동 채의식, 소암 2리 이장 박호식의 증언에 의함

이 문양과 글씨를 확인하려면 둑을 절토한 후 현재 조성된 도로에서 1m 이상 절토하여야만 확인될 수 있다고 한다. 증언의 내용으로 볼 때 문과 문 모양을 숭명처사가 새긴 대명단의 형상인 '日月岩' 형태를 표현한 것이 아닌가 생각된다. 앞으로 매몰된 토사를 제거하고 발굴조사를 통해 유적을 확인하여야 만 암각화의 성격이 확인될 수 있다.

8. 연원동 석각 신장상

상주시 연원동 825-1번지(N 36°24'56", E 128°8'35") 국도 25호선 옆에 조성되었다. 높이 145㎝, 폭 85㎝ 정도의 부정형의 자연석 평탄한 동쪽 면에 높이 122㎝의 신장상을 부조로 표현하였다.[73] 형상은 오른손에 지팡이를 들고 왼손은 가슴에 올려 합장을 하는 모습이다. 얼굴부분은 고의적인 행위로 인해 파인 모양으로, 득남의 속설에 의해 코 부분이 집중적으로 훼손된 것이 아닌가 생각된다.

옷은 부처나 보살을 표현한 것과는 다른데, 팔 부분은 천이 없는 반소매이고 바지는 정강이와 허리 부분은 동여매었으며 상의는 좌측에서 우측으로 옷깃과 섶이 돌아가는 형태이다. 이와 같은 옷자락 형태는 현재의 남성 의복 형식과 같다. 이 모양은 겉옷보다는 승려가 탁발을 하기 위해 지고 다니는 바랑이나 짐을 넣은 보자기를 왼쪽에서 오른쪽 방향으로 동여맨 모습과 흡사하다.

전체적으로 인체 비례가 잘 맞지 않는 소박한 형상으로 현재까지 알려진 부처 호법신의 신장상(神將像)이 아니라 불법을 구도하는 구도승(求道僧)을 표현한 것으로 보인다. 국도 확장 공사로 인해 지금은 상주박물관 전정 야외 전시장으로 이전되었다.

이와 유사한 형상은 조선시대 말기의 서민과 일제강점기 승려의 그림 자료에서 확인해 볼 수 있는데, 이때는 지팡이를 들고 다니는 것이 유행처럼 여러 그림에서 나타난다. 이 당시는 개화기(開化期)로 사회적으로 혼란한 시기였고, 동학 등 여러 종교가 파생되면서 도교도 함께 성행했던 시기였기에 도인의 행색을 하면서 구도(求道)를 하는 종교인도 많았을 것

73 상주얼찾기회, 단기 4326년,『상주의 얼』

연원동 825-1

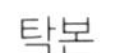

탁본

상세(상주박물관)

으로 생각된다. 따라서 지팡이를 들고 다니는 모습이 유행하였을 가능성이 크다 하겠다. 지팡이를 짚고 다니는 모습이 기산 김준근(箕山 金俊根)의 풍속화에 많이 나타나고, 승려도 지팡이를 짚고 다니는 행색[74]으로 비교해보면 다음과 같다. 기산의 그림에서는 정강이 부분을 동여맨 형상이 신장상과 유사하다.

사당패 시장가는 사람 박물장수 승려

74 내셔널지오그래픽 1910년 11월호, '한국과 중국으로의 짧은 여행(Glimpses of Korea and China)', William W. Chapin

제3절 성혈(性穴)

1) 머리말

성혈(性穴)은 바위에 인위적으로 홈을 파고 주술 행위를 한 장소로 모양과 형태가 다양하다. 우리나라와 유럽, 중앙아시아, 시베리아 등 세계 여러 지역에서 다양한 시대에 걸쳐 나타나며, 오목한 홈을 여성의 성기(性器)로 여기며 이것을 여성의 생산성에 비유한 의례 행위의 산물로 볼 수 있다. 즉 오목한 홈을 만들고 다른 도구로 구멍 속을 비비면서 주술행위를 하여 남녀의 성적(性的) 교합과 비슷한 행위를 통해 생산과 풍요를 기원하는 민간신앙(祈子信仰)의 한 형태로 모방주술(模倣呪術)의 일종이다.

성혈은 주변에서 흔히 발견할 수 있는 선사 유적으로 성혈 주변과 성혈군 내에는 윷판형 암각화가 함께 나타나고 있다. 윷놀이는 음력 정월 초하루부터 보름까지 남녀노소 누구나 즐기는 세시풍속이다. 윷은 한자로는 '사희(柶戲)' 또는 '척사(擲柶)'라고 하며 선조들은 윷을 던져 길흉을 점쳐왔는데, 이 놀이는 원래 윷점에서 비롯되었다고도 하며, 유래는 여러 설이 있다.

16세기 조선 선조 때 김문표(金文豹, 1568~1608)의 「사도설(柶圖說)」에는 '윷판의 바깥이 둥근 것은 하늘을 본뜬 것이요, 안이 모진 것은 땅을 본뜬 것이니 윷판은 하늘이 땅을 둘러싼 모습이라. 또 가운데 있는 것은 북극성이요, 옆으로 벌어져 있는 것은 28수이니 윷판은 북극성을 중심으로 28수가 둘러싸고 있는 모습을 나타낸다.'라고 했다.

신채호는 「조선상고사(朝鮮上古史)」에서 윷판을 '고조선시대 오가(五加)의 출진도(出陣圖)'라 하였다. 도개걸윷모(刀介乞兪毛)는 곧 가축의 이름을 쓴 오가의 칭호에서 비롯되어 '도'는 돼지(豚), '개'는 개(犬), '걸'은 양(羊), '윷'은 소(牛), '모'는 말(馬)을 뜻한다. 이병도는 「국사대관(國史大觀)」에서 '부여(夫餘)의 관직제(官職制)를 모의(模擬)한 사출도(四出道)'에서 유래되었다고 했다.[75]

윷판형 암각화는 천체 모형의 도형으로 고인돌 문화의 소멸기인 B.C. 3·4세기~초기 철기시대에 처음 조성된 것으로 보며, 주초석에는 북극성 중심의 천문질서가 그대로 인간 세상으로 치환되는 기원의 의미로 삼국시대 이후에 나타난다. 윷놀이는 오늘날까지 전승되고 있는 가장 오래된 선사문화라고 할 수 있다.

이러한 윷판형 암각화는 한 곳에 39점이 집중되어 있는 임실군 신평면 상가마을의 유적을 시작으로 2002년부터 학계에 알려졌고, 2014년 임실군에서 학술대회를 거치면서 일반화되었다. 한국의 주요 윷판형 암각화 유적을 살펴보면 다음 표와 같다. 앞으로 유적의 가치와 상징성, 선사민속의 현대적 계승 등 전국적인 조사와 연구가 필요한 부분이다.

상주 지역에도 여러 곳에 성혈 유적이 산재하고 있으나 현재까지 윷판형 암각화로 판정된 유적은 나타나지 않았다. 상주 지역의 성혈은 현재까지도 선사유적으로만 조사되었지 성혈의 배열 등 정밀한 조사는 이루어지지 못했다. 따라서 필자가 상주 지역에서 성곽 유적과 문화 유적 답사를 하면서 함께 조사한 성혈 유적만 간략히 소개하도록 하겠다.

---

75 대순진리회 여주본부도장, 대순 139년(2009), 「다시 보는 우리문화(윷판에 담긴 천문사상 윷놀이)」, 『대순회보 91호』, 1월, 86~91쪽

<한국의 주요 윷판형 암각화>

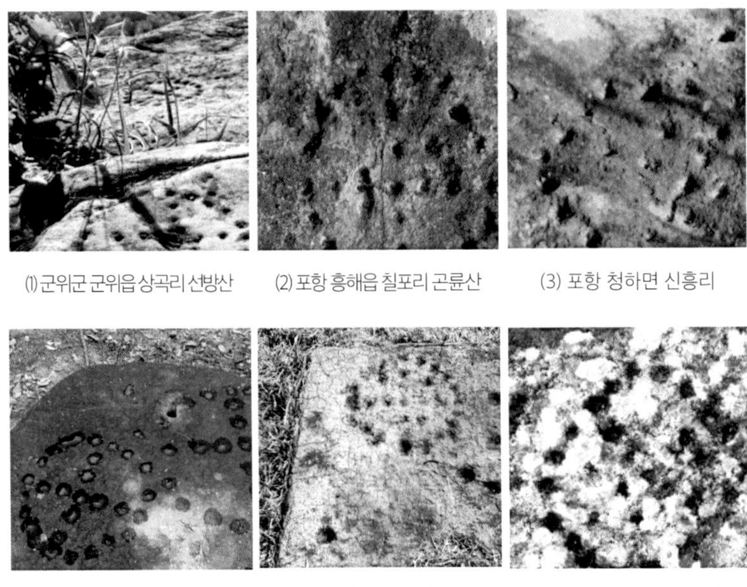

(1) 군위군 군위읍 상곡리 선방산 (2) 포항 흥해읍 칠포리 곤륜산 (3) 포항 청하면 신흥리

(4) 임실군 신평면 가덕리 (5) 경주 황룡사지 (6) 안동 임동면 수곡리

2) 성혈 내용

구분	위치	비고
윤직리 치마바위	함창읍 윤직리 752	현, 윤직리 707-4
윤직리 두산	함창읍 윤직리 338-1	
성안산 이부곡성	사벌면 엄암리 832	
사벌 매호리	사벌면 매호리 산2	
공성 금계리 (1)	공성면 금계리 117-1	
공성 금계리 (2)	공성면 금계리 86	
공성 봉산리	공성면 봉산리 560	
함창 오봉산	이안면 이안리 산 7	
북천	만산동 744	
부원동 지석묘	부원동 113-1,113-3	
복용동 유적 발굴지	인봉동 10	
왕산 역사공원 비석군	서성동 163-48	전, 무양동 200,201

3) 분포도

화북면
이안면
함창읍
은척면
공검면
외서면
화남면
사벌면
화서면
중동면
내서면
동지역
화동면
낙동면
외남면
모서면
청리면
모동면
공성면
1 윤직리 치마바위
2 윤직리 두산
3 성안산 이부곡성
4 사벌 매호리
5 공성 금계리(1)
6 공성 금계리(2)
7 공성 봉산리
8 함창 오봉산
9 북천
10 부원동 지석묘
11 복용동 유적 발굴지
12 왕산역사공원 비석군

1. 윤직리 치마바위

전경

윤직리 752 옛 전경

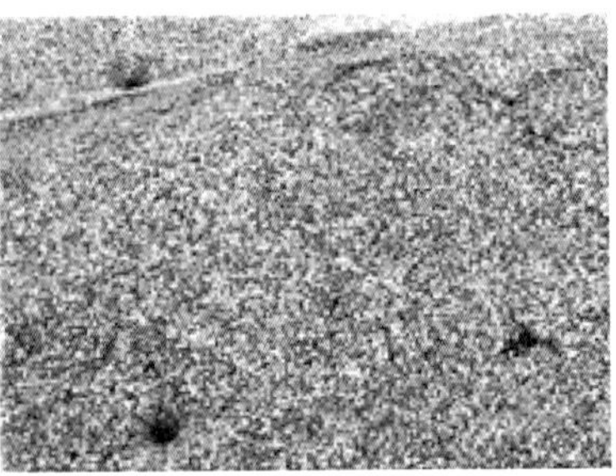

상세

원래는 함창읍 윤직 1리 752번지(N 36°34'34", E 128°11'17") 회나무 밑에 있었는데 도로 확장공사를 하면서 현재의 윤직리 707-4번지(N 36°34'28", E 128°11'11")로 옮겼다. 마을에서 매년 동제를 지내던 곳으로 이 바위는 항상 솔가지로 덮여 있어 한 번도 몸체를 드러낸 적이 없었다. 매년 음력 정월 열 나흗날 제관을 선발하여 동제사(洞祭祀)를 지내면서 소나무 가지를 서너 짐 져다가 바위 위에 덮는다. 이때 오래된 솔가지를 걷어 내지 않고 덮기만 한다. 바위 위에 덮은 솔가지를 들치거나 쑤석거리면 동네 여자들이 바람이 나서 가출한다는 믿음 때문이다. 이 바위 위에도 규칙되게 배열되지는 않았으나 9개 정도의 성혈이 있다.

2. 윤직리 두산

함창읍 윤직리 338-1번지(N 36°34'29", E 128°11'58") 머리뫼 정상에 위치한다. 머리뫼는 두산(頭山)의 우리말로, 이곳에 산성이 있었다고 전한다. 산 정상부에 정방형의 바위 위에 약 5개의 성혈이 확인되나 정밀하게 조사하면 더 많은 성혈이 있을 것으로 보인다.

전경

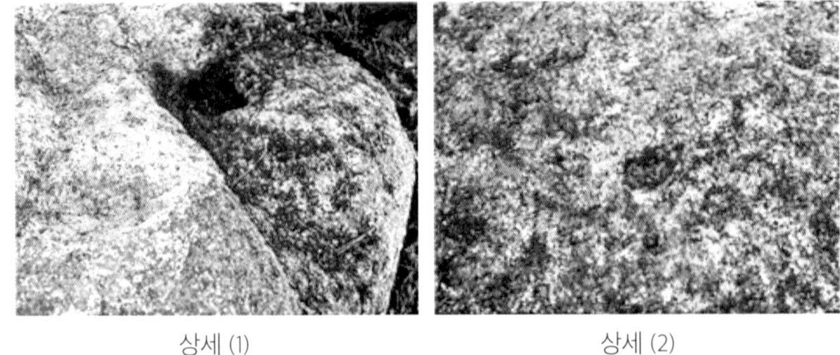

상세 (1)

상세 (2)

3. 성안산 이부곡성

상주시 사벌면 엄암리 832번지(N 36°27'15", E 128°12'22.2") 이부곡 산성 내에 위치한다. 성 안쪽에는 저수지와 농지가 있고 성안의 샘(井)으로 사용한 것으로 보이는 용출수가 솟아나는 곳이 산지와 농지 경계 사이에 있다.

이 샘에서 산 정상 방향으로 넓고 위쪽에는 평평한 바위가 자리하고 있는데 이 바위 위에 여러 개의 성혈이 나타난다.

이곳은 상주의 역사가 처음 시작되는 사벌국 시대의 이부곡 토성의 성내로서 상주 역사 시작의 특별한 의미가 있는 곳이다.

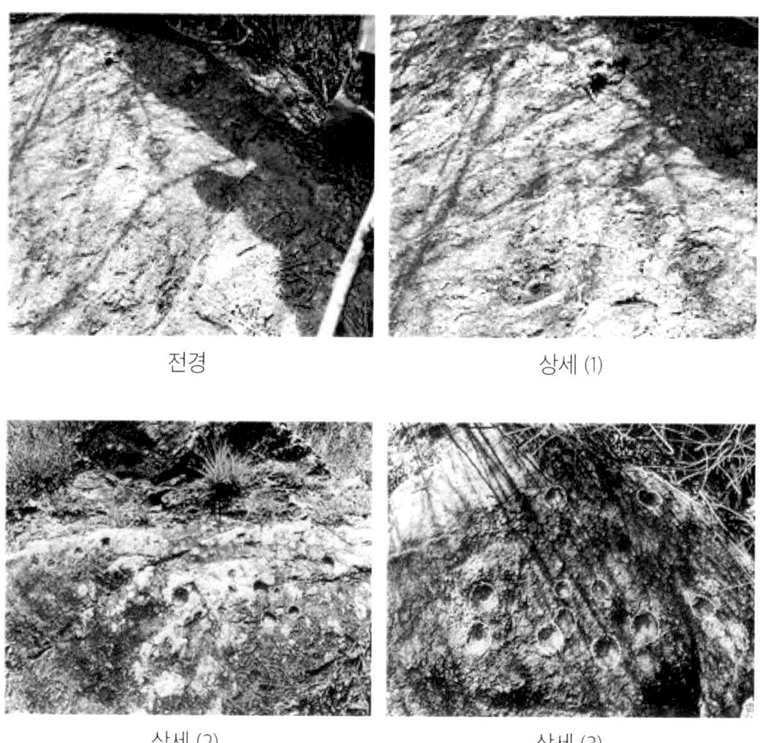

전경 상세 (1)

상세 (2) 상세 (3)

4. 사벌 매호리

사벌면 매호리 산2번지 내 매호리 177번지(N 36°30'30", E 128°15'25")에서 산 정상 방향으로 약 50m 임도 좌측에 위치한다. 바위의 전체 형상은 제단의 형상이다. 4개의 화강암 바위가 서로 붙어 있는 형태로서 각각의 화강암 바위 면에는 사암과 비슷한 바위가 표면에 도색을 한 것 같이 붙어 있는데, 이 사암 바위면 표면에 오른쪽 바위 한곳에만 성혈이 있고 나머지 3개에는 성혈 흔적이 없다. 성혈의 수는 50여 개로서 특별한 규칙은 발견할 수 없다.

전경

상세 (1) 상세 (2)

5. 공성 금계리 (1)

공성면 금계리 117-1번지(N 36°17'47", E 128°5'1")에 위치한다. 공성면 소재지에서 봉산리로 넘어가는 석단로 옆에 위치한다. 지석묘의 상석으로 보이는데 상부에는 성혈의 깊이가 얕고 북서쪽 측면에 여러 개가 집중적으로 조성되어 있다. 측면에는 62개의 성혈이 조밀하게 표현되어 있으나 윷판 등 정형화된 형상은 발견되지 않는다.

전경

상세

6. 공성 금계리 (2)

공성면 금계리 86번지(N 36°17'55", E 128°4'51")에 위치한다. 공성면 소재지에서 봉산리로 넘어가는 석단로 옆으로서 공성면 금계리 (1)에서 350m 북쪽에 위치한다. 상단부 평면부에 77개 정도가 집중적으로 조성되어 있다. 특별한 규칙에 의해 조성된 것은 볼 수 없다.

전경

상세

7. 공성 봉산리

공성면 봉산리 560번지(N 36°18′16″, E 128°3′45″) 골가실 마을에 위치한다. 이곳은 여산송씨 정가공파의 취은고택(경북 문화재자료 제582호)의 바깥마당으로서 백학산과 서산(513m) 사이에 위치하며, 백두대간의 동쪽 자락 해발 115m의 구릉지이다.

주변의 농지와 주택지에는 큰 바위들이 산재해 있으며, 성혈이 있는 바위는 원래의 위치가 아니고 알 수 없는 어느 곳에서 옮겨와 콘크리트 마당 위에 보관되고 있는 상황이다.

형태는 독립된 장방형의 바위로서 상단부분은 평평하며, 평탄 부위에 50개 정도의 성혈이 불규칙하게 조성되었다.

상세

8. 함창 오봉산

오봉산 정상은 서쪽 방향은 이안면 이안리, 북동쪽은 함창읍 신흥리, 남동쪽은 공검면 역곡리의 3개 읍면의 경계가 되는 곳이다. 이곳에서는 공검지와 함창 평야가 보이며 주변 경관이 한눈에 조망되는 곳이다. 성혈은 자연 암반이 솟아난 이안면 이안리 산 7번지(N 36°32'27", E 128°10' 30")에 위치한다. 이곳에는 넓은 바위 위에 상주에서 가장 많은 성혈이 조성되어 있다. 너무 많고 조밀하게 형성되어 있어 어떠한 규칙을 발견하기 어렵다.

전경 상세 (1)

상세 (2)

산의 정상부로서 함창, 이안, 공검 방향 모두가 전망되고 특히 공검지가 전망되는 곳으로서 천신 등에 대한 주술 행위 장소로 이용되었을 가능성이 큰 곳이다.

9. 북천

만산동 744번지(N 36°25′24″, E 128°8′57″)에 위치한다. 이곳은 자산교 하류의 북천의 하상으로서 해발 고도는 52m이다. 시내의 고도는 56m 정도로 4m 정도 낮다.

북천 하상 해발 높이는 낙동강 보를 설치하기 전에는 시내와 하상의 고도가 비슷하였다. 그러나 낙동강 준설 이후 북천의 하상이 침식되면서 하상에 묻혀있던 옛 생활 터전의 바위들이 드러나면서 이 성혈이 발견되었다.

성혈은 여러 개가 있었던 것으로 보이나 육안으로 확인되는 성혈 수는 2개뿐이다. 이는 북천의 급류에 의해 파괴되고 가장 큰 성혈만 남아 있는 것으로 보인다. 이 성혈의 발견으로 인해 선사시대에는 시내의 고도가 해발 52m 이하였다는 것을 증명하는 것이다. 따라서 시내는 북천의 범람과 인류의 생활지로 이용되면서 현재와 같이 해발 높이가 높아진 것이다.

상세

10. 부원동 지석묘

전경

상세

초림이 마을 입구인 부원동 113-1, 113-3번지(N 36°30′33″, E 128°9′48″)에 위치한다. 이곳에 7개가 있어 주민들은 칠성바위라고 부르며, 신성시하였다. 지금은 3개만 확인이 된다. 지석묘로 조사되었으며[76], 바위 사이에는 민묘 2기가 조성되어 있다. 민묘 사이에 있는 바위 1개에서만 성혈 2개가 확인된다.

76 상주시·경상북도문화재연구원, 2002, 『학술조사보고 제12책 문화유적분포지도』

11. 복용동 유적 발굴지

전경

상세 (1) 상세 (2)

복용동 지하차도 설치공사를 하면서 실시한 2005년 12월 3일 발굴조사 때 발견된 인봉동 10번지((N 36°25'7", E 128°9'55") 일대의 성혈이다. 건물의 초석으로 쓰였을 것으로 보이는 총 5개의 성혈이 있다. 성혈의 연속성으로 보아 한쪽 면이 절단된 모양이며, 어떠한 규칙에 따라 2개씩 연결된 형상으로서 북두칠성을 표현한 것이 아닌가 생각된다.

12. 왕산역사공원 비석군

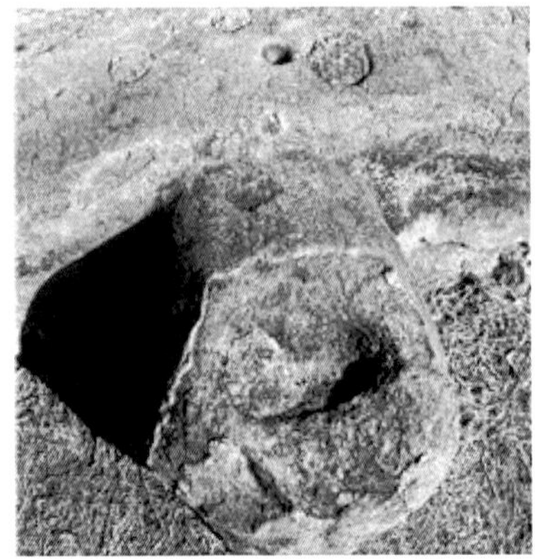

이인하 영장비 귀부

박제인 관찰사비 귀부

서흥보 목사비 비좌

서성동 163-48번지(N 36°25′01″, E 128°9′42″) 비석군의 영장이공인하거은비(營將李公仁夏去恩碑, 1656년)에 23개, 목사서후흥보송덕비(牧使徐候興輔頌德碑, 1823년)에 1개, 관찰사박공제인송덕비(觀察使朴公齊寅頌德碑, 1879년)에 1개의 성혈이 비좌에 남아 있다. 서흥보 목사 비는 무양동 201번지(N 36°25′22″, E 128°9′25″), 박제인 관찰사비는 무양동 200번지에 있었던 것을 이전한 것이다.

제4절 소결

암각화는 문자가 만들어지기 이전에 그려진 그림을 말한다. 그러나 본 연구에서는 선사시대에서 현대까지 바위에 그려진 그림과 성혈을 대상으로 하였고 주제를 포괄적인 의미로서 '바위에 새긴 그림'으로 표현하였다.

암각화는 역사시대의 암각서와 다르게 주인공을 알아 볼 수 없는 특수성이 있는 표현물이다. 그러나 암각화는 문자시대 이전의 표현물로 역사, 고고, 인류, 민속, 미술사, 지질학 등 다양한 학문분야와 연계되어 있는 타임캡슐과 같은 선사인의 유적이다.

상주지역에는 현재까지 학계에서 인정하는 암각화는 '낙동 물량리 암각화군' 1개소뿐이나 본고에서 전체를 연구 대상으로 설정한 것은 상주지역 내 바위에 그려진 그림을 집성화해야 할 필요성 때문이다.

이러한 취지에 의해서 암각화 1개소, 바위그림 8개소와 성혈 12개소를 대상으로 하였으나 아직까지 숨어 있는 바위에 새긴 그림과 성혈이 많이 산재되어 있을 것으로 생각된다. 그 중에서 성혈은 1879년 세운 비좌에 남아 있는 것으로 보아 조선 후기까지 성혈의 생성은 계속되어 왔음을 볼 수 있다.

특히 구석기시대 유적이 발견된 낙동강 주변지역에서는 다른 지역의 암각화와 같은 검파형 암각화의 존재 가능성이 큰 지역이라 하겠다.

성혈 또한 아직까지 조사나 연구가 진행되지 않은 분야로 개발로 인해 훼손과 파괴가 계속 진행되고 있는 상황이다. 더 이상 선사시대의 유적이 사라지기 전에 최소한의 유적조사가 이루어져 보존되어야 할 것이며, 유적으로 분류하는 것이 시급한 실정이다. 바위에 새긴 그림이나 성혈이 예술성과 작품성이 부족하다고 하더라도 학술적인 연구와 조사를 통해 가치를 규명함으로써 우리나라와 상주지역의 역사적 위상을 높이는 산물이라는 것은 분명하다.

에필로그

상주 지역 내에 산재된 59개소의 바위에 새긴 글과 그림을 조사하고 그곳에 관련된 인물과 유래 등을 살펴보았다. 오랜 기간 동안 자연환경에 노출된 상황의 모습과 남아 있는 글씨의 원형 기록 보존에 충실하려고 하였으나 심각한 풍화 진행과 수풀에 가려져 완벽한 조사를 하지는 못하였다.

제1장의 바위 글에서는 38개소 48개 글과 문장을 살펴보았다. 용도별로는 풍수 2, 공적 10, 종교 6, 묘 3, 정자 3, 유상처 21, 기타 3개이다. 그 중에서 보호각으로 보호가 되고 있는 곳은 만산동 '영암각' 1곳뿐이다.

'水回洞(수회동)', '御風臺(어풍대)', '龝遊巖(추유암)'은 전서체, '洞天(동천)'은 초서체이며, 나머지는 해서체이다.

분포지역은 사벌, 중동, 화남, 화동, 모서면 지역을 제외한 19개 읍면동에 분포되어 있다. 예술성과 역사성, 경관성이 뛰어난 곳은 전서체와 초서체로 정성을 들여 새긴 상기의 4곳과 '宴座巖(연좌암)'으로 보존과 관리를 해야 할 가치가 충분하다.

제2장의 바위그림에서 다룬 암각화 중 '낙동 물량리 암각화군'은 우리나라에서 처음 발견된 인물 중심의 수변제사 유적으로서 보존의 가치가 높다. 울산 반구대연구소에서 기초적인 조사를 마치고 학계에 보고되어

암각화로 분류되었으나, 추가적인 전문 연구가 진행되지 않고 있으며 풍화현상과 인위적인 훼손 환경에 완전 노출되어 있다.

바위그림 8개소는 부조 2, 선각 4, 면각 1, 확인 불가 1개소이다. 용도는 불교 6, 동학 1, 그 외 1개소는 유교로 추정된다. 모두 보호각 없이 외기에 노출되어 있다. 분포지역은 함창, 사벌, 공성, 내서 외남, 이안면과 남원동의 7개 읍면동에 분포되어 있으며, 연구가 진행되지 않은 '함창 증촌리 입석', '이안 소암리 용두암', '연원동 석각 신장상'은 민속, 유교, 불교 등 분야별 전문적인 가치 조사가 필요하다. 또한, 대형 마애불인 '공성 도곡리 선각 마애불입상'은 문화재로서의 관리 등 제도적인 보호가 필요하다.

한편 성혈은 다른 지역에서 윷판형의 성혈이 암각화로 분류되고 있어 이 지역의 12개소 성혈을 살펴보았는데, 한 곳에 여러 개의 성혈이 집중되어 있고 근대까지 지속적으로 동일 장소에 성혈 생성 활동이 계속되었기 때문에 선사시대에 시작된 윷판형태 등 통일된 규칙성을 발견할 수는 없었다. 성혈 전체 탁본 등 배열 상태를 집중 판독을 할 수 있는 방법을 채택하여 규칙성을 검토를 해야만 판독이 가능하다.

지방사(地方史)라는 것은 기본적으로 어려운 개념이다. 지방사가 어려운 것은 국사(國史)와 같이 체계가 정립되지 않았고, 배우거나 연구할 수 있는 선행 연구물 혹은 가르칠 스승이 없기 때문이다. 결국 지방사 연구를 하려면 모든 분야에서 첫 걸음을 내딛어야 하는데, 처음 시작하는 부분은 기존의 연구에 덧붙이는 것보다 몇 배의 노력과 시간이 필요하다. 본서의 경북 상주지역에서 발견된 바위 글과 그림도 그렇다.

본서에서 현재 상주지역에서 발견된 바위 글과 그림 전체를 다뤘다고는 하지만 수천 년간 이어져 온 활동의 결과를 단 시간에 밝혀낸다는 것은 어렵다. 본서에 조사된 유적 이외에도 예술성, 역사성이 풍부한 자료가 많이 묻혀 있을 것으로 생각된다.

앞으로 본서를 기초하여 지속적인 연구 활동과 새로운 추가 발견을 기대한다.

William W. Chapin, 'Glimpses of Korea and China', 내셔널지오그래픽, 1910
정영호, 상주지구고적조사보고서, 단국대학교출판부, 1969
상주얼찾기회, 상주의 얼, 1993
배원룡, 도통군자 해운당배순강실기, 한국한자한문교육연구소, 1995
상주문화원, 사벌지, 1999
상주시.경상북도문화재연구원, 상주 이부곡토성 시굴조사보고서, 1999
상주시.경상북도문화재연구원, 학술조사보고 제12책, 문화유적분포지도, 2002
이동현, 우리나라 암각화에 관한 연구(영남지방을 중심으로), 경기대학교 교육대학원 석사학위 청구논문, 2004
경상북도문화재연구원, 학술조사보고 제51책, 상주 신상리 구석기유적(2003년도 시굴조사), 2005
샤를바라(성귀수 옮김), 조선기행, 눈빛, 2006
경주대학교·상주시, 상주 공성면 마애불입상 조사보고서, 2007
방국진, 한국 암각화의 특징 연구, 경기대학교 전통예술대학원 석사학위논문, 2008
대순진리회 여주본부도장, 다시 보는 우리문화(윷판에 담긴 천문사상 윷놀이), 대순회보 91호, 대순 139년(2009)
이하우, 새로 찾은 두 점의 암각화, 한국암각화연구 제20집, 한국암각화학회, 2016
강봉원, 우리나라 암각화의 편년과 고고학적 맥락(공반 관계 및 교차 편년을 중심으로), 영남고고학 76호, 2016